Karla Etschenberg

Sexualerziehung in der Grundschule

•

Didaktisch-pädagogische
Überlegungen

•

Beispiele
für die Klassen 1 bis 4

Cornelsen
SCRIPTOR

Bildnachweis:
Aulis Verlag: S. 19; Karla Etschenberg: S. 68 oben; Elke Junker/Stefan Horst: S. 77; Gudrun Lenz: S. 10, 13, 27, 32, 37, 61 unten, 104, 106; Constanze Schargan: S. 12, 49, 52, 60, 68 unten, 83, 84, 86, 91, 101; Detlev Schüler: S. 73; Peter Wirtz: S. 55, 82; Unterricht Biologie, Heft 237: S. 61 oben; Unterricht Biologie, Heft 191: S. 65

Cornelsen online http://www.cornelsen.de

Gedruckt auf chlorfrei gebleichtem Papier
ohne Dioxinbelastung der Gewässer.

Die Deutsche Bibliothek – CIP-Einheitsaufnahme

Etschenberg, Karla:
Sexualerziehung in der Grundschule: didaktisch-pädagogische
Überlegungen; Beispiele für die Klassen 1 bis 4 /
Karla Etschenberg. – Berlin: Cornelsen Scriptor, 2000
    (Lehrer-Bücherei: Grundschule)
    ISBN 3-589-05052-7

Dieses Werk berücksichtigt die Regeln der
reformierten Rechtschreibung und Zeichensetzung.

5.	4.	3.	2.	1. ✓	Die letzten Ziffern bezeichnen
04	03	02	01	2000	Zahl und Jahr des Drucks.

Redaktion: Gabriele Teubner-Nicolai, Berlin
Herstellung: Brigitte Bredow, Berlin
Umschlagfoto: Peter Wirtz, Dormagen
Satz: FROMM MediaDesign GmbH, Selters/Ts.
Druck und Bindearbeiten: Clausen & Bosse, Leck
Printed in Germany
ISBN 3-589-05052-7
Bestellnummer 50527

Inhalt

1 Zur Begrüßung

Warum sollte man dieses Buch zur „Sexualerziehung in der Grundschule" in die Hand nehmen und darin lesen?

Diese Frage stellt sich bei jedem Buch, in dessen Kauf Geld und in dessen Lektüre Lebenszeit investiert werden soll. Vielleicht müsste am ehesten der Autor oder die Autorin diese Frage zu beantworten wissen. Er beziehungsweise sie tritt ja mit dem Anspruch an den potentiellen Leserkreis heran, dass sich die Investition lohnt. Leider muss ich die Leserinnen enttäuschen: Ich kann die Frage nur aus der Sicht des Menschen beantworten, der sich entschieden hat, das Buch zu schreiben. Für mich lohnt es sich, Lebenszeit in das Schreiben eines Buches über „Sexualerziehung in der Grundschule" zu investieren, da mir das Thema wichtig ist, seitdem ich Lehrerin bin.

Ich stelle mir vor, dass es – stark vereinfacht – drei Gruppen von Lehrerinnen* gibt, die sich für das Buch interessieren. Die folgenden Zwischenüberschriften sollen deren Grundeinstellungen, die mir aus dem Kollegenkreis an der Grundschule bekannt sind, charakterisieren.

Keine Probleme – Sexualerziehung macht Spaß

Zahlreiche Lehrerinnen haben überhaupt kein Problem damit, Sexualerziehung als Aufgabe der Grundschule zu akzeptieren und auch „anzupacken". Unabhängig von oder im Nachgang zu Vorgaben in Richtlinien, Lehrplänen und Schulbüchern behandeln sie die Themen Körper, Kinderkriegen, Rollenverhalten oder Pubertät planvoll vom ersten Schuljahr an oder spontan je nach Interessenlage in der Klasse zur Zufriedenheit aller Beteiligten. Probleme mit den Eltern werden im Vorfeld bearbeitet, so dass eigentlich gar keine Schwierigkeiten auftreten.

Für diese Kolleginnen lohnt sich das Lesen eines Buches zum Thema nur bedingt: Sie können bestärkt werden in ihrer Arbeit oder sie merken beim Lesen, welchen Fallstricken und Stolperstellen sie bisher so gut ausgewichen sind. Sie können die folgenden Ideen eventuell als „Steinbruch" nutzen.

---

* Im Hinblick auf die in der Mehrzahl weiblichen Lehrpersonen an Grundschulen wird hier bevorzugt von Lehrerinnen gesprochen. Grundsätzlich sind aber mit der weiblichen oder männlichen Wortform immer beide Geschlechter gemeint, wenn die zugehörige Aussage sinngemäß nicht nur auf ein Geschlecht zu beziehen ist. Das Gleiche gilt für Schüler und Schülerinnen.

Sexualerziehung – möchte gern, trau mich aber nicht

Kolleginnen mit dieser Einstellung sind herzlich willkommen, sich „anstiften" zu lassen. Es scheint tatsächlich schwierig zu sein, mit dem Thema in der Schule anzufangen. Sexualität ist eigentlich ein höchst privates Thema, auch wenn es derzeit in der medialen Öffentlichkeit nahezu ohne Einschränkung zur Schau gestellt und verhandelt wird. Wie findet man zwischen diesen Extremen die passenden Worte und die passenden Bilder, um mit Kindern in einer Klasse Sexualerziehung zu praktizieren?

Patentrezepte hierzu gibt es nicht, aber Anregungen gibt es vielleicht, die Mut machen und zum Nachahmen verleiten. Dabei hat das Nachahmen natürlich seine Grenzen: So individuell wie die Sexualität selbst, so individuell ist auch der Umgang mit dem Thema – jede Lehrerin muss einen eigenen Stil entwickeln, der zu ihr passt. Dafür muss man in der Regel ein Thema mehrmals angehen und jedes Mal die Erfahrungen aus den vorherigen Versuchen verwerten. So kann es also einige Zeit dauern, bis man sich in Sexualerziehung „fit" fühlt.

Sexualerziehung – halte ich für überflüssig

Wer glaubt, in diesem Buch eine Rechtfertigung für seine Einstellung finden zu können, der sei gewarnt. Genau das Gegenteil wird hier nämlich angestrebt. Wer aber bei einem Satz wie dem oben zitierten insgeheim ein Fragezeichen mitdenkt, der sei eingeladen, sich auf die Argumente „der Gegenseite" einzulassen und daraus seine Schlüsse zu ziehen.

Oftmals verbirgt sich hinter dem Satz die These, Kinder wüssten heute doch schon alles durch den „unverkrampften" Umgang mit Sexualität in Elternhaus und Öffentlichkeit und insbesondere in den Medien und sie bräuchten deshalb in der Schule diesbezüglich nichts mehr zu lernen. Wer die Situation so einschätzt, sollte sich auf das weiter unten erläuterte Argument einlassen, dass gerade diese Offenheit pädagogische Begleitung erforderlich macht.

2 Argumente für Sexualerziehung in der Grundschule

In der Tat ist es berechtigt zu fragen, warum Kinder in der Grundschule Sexualerziehung brauchen – früher klappte das doch auch nach dem Muster: „Im Elternhaus erfahren sie den Umgang mit Sexualität, so wie es im Sinne der Eltern ist, und im Übrigen ist das Thema für Kinder vor der Pubertät gar nicht relevant. Das Wissen, das sie ab der Pubertät benötigen, um mit den dann aktuellen Hygieneproblemen und mit den „drohenden Gefahren" in Form von ungewollter Schwangerschaft oder Geschlechtskrankheiten fertig zu werden, erwerben sie noch früh genug in einer weiterführenden Schule."

Sexualität – „von der Wiege bis zur Bahre"

Dieser oben zitierten traditionellen Einschätzung liegt ein Bild von Sexualität zu Grunde, das heute keine beziehungsweise kaum noch Akzeptanz findet: Sexualität, die untrennbar an Fortpflanzungsfähigkeit gekoppelt ist. Der im christlichen Gedankengut verwurzelte Glaube, der biologische Zusammenhang von Sexualität und Fortpflanzung bedeute automatisch eine „asexuelle" Kindheit (und ein asexuelles Alter), entspricht sicherlich nicht mehr dem wissenschaftlichen Erkenntnisstand und auch nicht der alltäglichen Erfahrung: Kinder sind vom ersten Tag ihres Lebens an sexuelle Wesen, wenn auch auf andere Weise als Menschen ab der Pubertät (vgl. MÖNKEMEYER 1993; NEUBAUER 1996). Im Übrigen muss oder kann die ab der Pubertät aufbrechende „eigentliche" Sexualität, die die Fortpflanzung ermöglicht, meist über Jahre hinweg – eventuell sogar grundsätzlich – ohne Zusammenhang mit der Fortpflanzung gelebt werden. Entweder wird der Kinderwunsch zurückgestellt oder man entschließt sich zu einem kinderlosen Leben oder man bevorzugt eine homosexuelle Lebensweise, die ein gemeinsames Kind mit dem Sexualpartner ausschließt. Heute weiß man auch, dass Sexualität Bestandteil des Erlebens und Handelns bis ins hohe Alter hinein sein kann, nachdem das Thema Kinderkriegen längst abgeschlossen ist.

So kann man mit Recht sagen: *Sexualität und Fortpflanzung* ist ein Thema, das auf eine Lebensphase beschränkt ist, *Sexualität an sich* aber ist ein Thema, das den Menschen „von der Wiege bis zur Bahre" begleitet.

Kinder brauchen – wie in anderen Verhaltensbereichen auch – unterstützende Begleitung im Umgang mit ihrer eigenen aktuellen Sexualität, brauchen eine pädagogisch reflektierte Vorbereitung auf ihre Sexualität ab der Pubertät, um sie als eine Bereicherung im Leben erfahren zu können, und sie sollten auch schon Hilfen bekommen im Hinblick auf ihre Sexualität in Lebensphasen jenseits des potenziellen Zusammenhangs mit Fortpflanzung.

Orientierung im Dschungel

Ein weiterer Aspekt kommt hinzu. Heutzutage wird Sexualität mit all ihren Fassetten öffentlich dargestellt, verhandelt, funktionalisiert, vermarktet. Wichtige Stichworte: Einschaltquoten und Auflagenhöhe. Tabus gibt es kaum noch und Jugendschutz funktioniert nur in Teilbereichen. Kinder sehen in den Medien alle Variationen von gelebter oder besprochener beziehungsweise zerredeter Sexualität. Diese Varianten hat es zwar früher auch schon gegeben, aber sie blieben Kindern in der Regel verborgen. Relativ einhellig – wenn vielleicht auch oftmals scheinheilig – wurde Kindern von Seiten der Eltern und der Gesellschaft (Nachbarschaft, Kirche, Schule, Medien) ein Bild von wünschenswerter Sexualität vermittelt. Dieses Bild wurde zwar oftmals im Laufe des Lebens im Interesse des persönlichen Glücks oder einfach in Anpassung an die Realität „über den Haufen geworfen", bot Kindern aber für viele Jahre einen im Prinzip widerspruchsfreien Orientierungsrahmen.

Abbildung 1

10

Diesen Rahmen gibt es heute für die meisten Kinder nicht mehr. Sie haben viele, viele Bilder von Sexualität im Kopf – ungeordnet, unsystematisch und ohne erkennbaren gemeinsamen Nenner. Da gibt es

- die von romantischer Liebe triefenden Schlager,
- die eindeutigen, für Kinder aber doch recht merkwürdigen und unverständlichen „Botschaften" in der abendlichen Werbung für Telefonsex im Fernsehen,
- Meldungen und Bilder von sexueller Gewalt – meist von Männern – gegen Kinder,
- die von Beziehungen und Beziehungskonflikten prall gefüllten Fernsehserien,
- die Rollenklischees in Spielfilmen und in der Werbung,
- die „komische" Doppelseite zum Thema „Gesundheit" in einem Versandkatalog aus Hamburg mit den vielen „Penissen",
- die mit Mord und Totschlag endenden sexuellen Problemfälle in deutschen Krimis,
- die Selbstoffenbarungen sexueller Minderheiten in Talkshows,
- die bereits von Grundschülern gierig aufgesogenen „Botschaften" bezüglich Sexualität in Jugendzeitschriften,
- die für Kinder zum Teil völlig un- oder missverständlichen Bilder in Sex- und Pornofilmen und -heften (zu denen sie oftmals trotz aller Verbote Zugang haben),
- die miterlebten mitunter äußerst unterschiedlichen Formen von Sexualität(en), Beziehungen und Rollen im familiären Umfeld, im Bekanntenkreis

und so weiter

In der Nachbarschaft, im Kindergarten und in der Schule stoßen oftmals zudem noch unterschiedliche weltanschauliche und kulturelle Gruppen aufeinander mit ihren jeweils spezifischen Traditionen und Wertvorstellungen.

Wie soll sich ein Kind in diesem „Dschungel" ein Bild verschaffen von der *Alltagssexualität*, mit der die meisten Menschen die meiste Zeit ihres Lebens zu tun haben? Und wie sollen Kinder heute Impulse zu einer akzeptablen *Wertorientierung* für den „alltäglichen" Umgang der Geschlechter miteinander bekommen beziehungsweise als etwas Erstrebenswertes wahrnehmen? In der Öffentlichkeit wird alles gleichberechtigt dargestellt oder es drängen sich „Werte" in den Vordergrund, die am ehesten mit kommerziellen Interessen verknüpfbar sind.

Früher bestand die Hauptaufgabe von Sexualerziehung in der Aufklärung der Kinder über den Geschlechtsverkehr und die (vor Kindern meist verheimlichte) damit zusammenhängende Lust. Das Märchen vom Klapperstorch oder die Geschichte von den Kohlköpfen, in denen Babys heranwachsen, und

Abbildung 2

Ähnliches mehr mussten behutsam abgelöst werden durch das Wissen über die tatsächlichen Abläufe von Zeugung, Schwangerschaft und Geburt.

Es scheint lange her zu sein, dass man sagen konnte: „Der Schüler der Grundschule bringt ein naives, aus eigener Beobachtung in der Familie und im Umgang mit Eltern, Geschwistern und Altersgenossen erworbenes Wissen auf dem Gebiet der Sexualität mit" (DIETZ 1985, S. 71).

Heute besteht demgegenüber eine Hauptaufgabe von Sexualerziehung in der Grundschule darin, ein wenig Ordnung und Klarheit in die vielfältigen Eindrücke vom Zusammenleben der Geschlechter und in die vielfältigen Bilder von sexueller Lust zu bringen, um Kinder in dem „Dschungel" nicht allein zu lassen und sie nicht völlig den Medien auszuliefern. Heute müssen wir manche Kinder darüber aufklären, dass man beim Geschlechtsverkehr nicht unbedingt Lederstiefel und Peitsche benötigt und dass Samenflüssigkeit nicht das Gleiche ist wie ein Joghurt, den Frauen im Interesse ihrer Gesundheit oder des ungeborenen Kindes schlucken müssen.

Schließlich verlangen es auch die Richtlinien

Seit 1968 gibt es die Empfehlungen der Kultusminister-Konferenz (KMK), Sexualerziehung in der Schule in allen Schulstufen durchzuführen. Im Nachgang wurden in den meisten Bundesländern Richtlinien zur Sexualerziehung (oder Geschlechtserziehung), in Bayern und Baden-Württemberg verbunden mit dem Begriff Familienerziehung, herausgegeben. In einzelnen Bundesländern (so zum Beispiel in Schleswig-Holstein und einigen neuen Bundesländern) ist Sexualerziehung zumindest im Schulgesetz verankert.

Es hat Widerstände gegen die Richtlinien zur Sexualerziehung gegeben, weil Personen und gesellschaftliche Gruppen die schulische Sexualerziehung zunächst als unzulässigen Eingriff des Staates in die Intimsphäre seiner Bürger gedeutet haben. Nach mehreren diesbezüglichen Gerichtsurteilen hat sich die Diskussion weitgehend gelegt. Inzwischen sieht wohl (fast) jeder ein, dass schulische Sexualerziehung, wenn vielleicht auch nicht als legitimer eigenständiger Erziehungsauftrag der Schule, so doch als unumgängliche Konsequenz aus den gesamtgesellschaftlichen Entwicklungen der letzten Jahrzehnte im Interesse der Kinder zu akzeptieren beziehungsweise zu fordern ist.

... und alle haben was davon!

Lehrerinnen, die sich im Unterricht mit ihren Schülern auf das Thema Sexualität einlassen, machen in der Regel die Erfahrung, dass diese Stunden tatsächlich Spaß machen. Sie lernen ihre Schüler besser kennen, die Kinder lernen sich untereinander besser kennen, und sie sind der Lehrperson in der Regel auch dankbar, weil sie ihren Interessen entgegenkommt. Dieser positive Effekt wirkt sich oftmals auch auf andere Stunden aus, in denen es vielleicht einmal ein bisschen langweilig zugeht: „Schöne" Stunden zur Sexualerziehung können zum „Bonus" einer Lehrperson beitragen.

Abbildung 3

Umgeht man hingegen das Thema, so muss man damit rechnen, dass es als „Störfaktor" immer wieder „dazwischenfunkt". Gelegenheiten dazu gibt es im Schulalltag genug. Da gibt es sexuelle Assoziationen bei Wörtern, die in einem ganz anderen Kontext benutzt werden (zum Beispiel *Gliedsatz* oder *Beschneidung*), da gibt es einzelne Kinder, die insbesondere durch Wochenenderlebnisse zu Hause montags total aufgekratzt ständig irgendetwas sagen oder tun (zum Beispiel Kondome aufblasen), was mit Sexualität zusammenhängt und so weiter. Natürlich kann man das ignorieren oder unterdrücken, aber unwirksam macht man dieses Phänomen dadurch bestimmt nicht. Schlimmstenfalls erreicht man mit solchen Ausweichmanövern, dass einzelne Kinder das Thema Sexualität als Waffe einzusetzen lernen und als verlässliches Mittel, die Lehrperson zu ärgern und zu immer gereizteren Abwehrreaktionen zu provozieren.

Ein offener Umgang mit dem Thema Sexualität von Anfang an ermöglicht demgegenüber in „Krisensituationen" eine Intervention ohne Drumherumreden und ohne krampfhaft humorvolles Uminterpretieren zum Beispiel von Koitusbewegungen eines Drittklässlers. Primär sollte man immer davon ausgehen, dass solche Aktionen seitens der Kinder ein Signal dafür sind, dass sie über etwas sprechen wollen. Man sollte also die Kinder einzeln, in kleinen Gruppen oder (vielleicht auch) in der Großgruppe darauf ansprechen, was sie gesehen oder gehört haben, welche Fragen sie haben und dann auch offen diskutieren, ob alle in der Klasse es gut finden, wenn Einzelne sich mit sexuellen Themen in den Vordergrund spielen.

Wichtig ist, dass man das Sexuelle an sich dabei nicht abwertet oder kritisiert, sondern nur den Umgang damit in einer bestimmten Situation (Schulklasse) und in Anwesenheit von Menschen, die das vielleicht nicht mögen. Schließlich beginnt bei solchen Situationen das, was man zum Beispiel später am Arbeitsplatz unter sexueller Belästigung versteht: Es ist ein Verstoß gegen die sexuelle Selbstbestimmung und die Gefühle anderer.

Mit großer Sicherheit kann man also sagen, dass durch einen unbefangenen Umgang mit Sexualität in einer Schulklasse das Klima deutlich verbessert werden kann und dass es sich sowohl für die Kinder als auch für die Lehrerin lohnt, wenn diese das Thema Sexualerziehung ins Programm aufnimmt. Uneingeschränkt ist der als Aufruf formulierte Buchtitel von MILHOFFER (1995) zu unterstützen: „Sexualerziehung von Anfang an!"

3 Und die Eltern?

„Sexualerziehung ist in erster Linie Aufgabe der Eltern. Die Schule ist aufgrund ihres Bildungs- und Erziehungsauftrages verpflichtet, bei dieser Aufgabe mitzuwirken" (KMK 1968). Der Tenor dieser Aussage wird praktisch in allen Verlautbarungen der Länder zur Sexualerziehung bestätigt und unterstützt.

Sexualerziehung ist Elternrecht

Die Formulierung, Sexualerziehung sei in erster Linie Aufgabe der Eltern, ist doppeldeutig. Sie kann meinen, die Eltern seien im Vergleich zu anderen Erziehern als Erste dazu *verpflichtet*, bei ihren Kindern Sexualerziehung zu leisten. Sie kann auch meinen, Eltern seien vor allen anderen Miterziehern *berechtigt* zur Sexualerziehung.

Da sich die KMK-Empfehlungen an die Schule richtet und nicht an die Eltern, kann hier eigentlich nur gemeint sein, dass Eltern das vorrangige *Recht* zur Sexualerziehung haben – denn die Kultusminister können die Eltern zu nichts *verpflichten*. In diesem Kontext ist zu verstehen, dass es mehrere Klagen von Seiten der Eltern gegeben hat, die ihr Recht durch die Verpflichtung der Schule zur „Mitwirkung" gefährdet sahen. In den diesbezüglichen Gerichtsurteilen wurde dann festgestellt, dass auch die Schule *berechtigt* (nicht nur *verpflichtet*) ist zur Sexualerziehung.

Die beste Lösung: Zusammenarbeit

Dem Grundgedanken der Mitwirkung an der Sexualerziehung der Kinder wird die Schule am ehesten dadurch gerecht, dass sie eine Zusammenarbeit mit den Eltern anstrebt. In den meisten Richtlinien werden die Lehrpersonen eindeutig dazu aufgefordert, Elternabende zum Thema Sexualerziehung abzuhalten und den Eltern die eingeplanten Medien vorzustellen. Bei Materialien, die kein Genehmigungsverfahren der Kultusbehörden durchlaufen haben, sollten die Eltern in den Entscheidungsprozess der Lehrperson einbezogen werden. Man kann den Eltern verschiedene Materialien zeigen und dann begründen, warum man für die eigene Arbeit das eine oder andere vorzieht. Dass die Eltern letztendlich nicht mitentscheiden sollen, sondern nur informiert werden müssen, sollte nach Möglichkeit nicht zum Konfliktstoff werden! Ermutigend bezüglich Elternarbeit sind Berichte wie der von DAGMAR WEHR (1992).

Günstig ist es, wenn man einen Elternabend zum Thema Sexualerziehung anbietet entweder für alle Klassen, in denen man selbst im nächsten Schuljahr Sachunterricht hat, und/oder für die Klasse, deren Klassenlehrerin man für die nächsten zwei Schuljahre voraussichtlich sein wird, so dass sich die Einberufung mehrerer Elternabende gegebenenfalls erübrigt.

Optimal ist es, wenn sich die einladende Lehrperson selbst so kompetent fühlt, dass sie den Eltern eine kleine *Einführung in die Grundsätze schulischer Sexualerziehung* bieten kann und daraus dann die von ihr geplanten Unterrichtsinhalte herleitet.

Schließlich stellt sie die Materialien und Filme (zumindest in Ausschnitten) vor, die zum Einsatz kommen sollen. Auch die auf S. 67 erwähnten Puppen können – wenn sie vorhanden sind – diesen Teil des Elternabends anschaulich machen.

Es hat sich bewährt, den Eltern gegenüber möglichst wörtlich zu „zitieren", wie man bestimmte Sachverhalte den Kindern verdeutlichen will, so dass die Eltern einen Eindruck von der Art und Weise bekommen, wie die Lehrperson über Sexuelles redet. Das reduziert die Angst der Eltern vor dem, was auf sie zu Hause zukommt, wenn in der Schule Sexualität thematisiert wird. Vielleicht hilft es einzelnen Eltern auch, das Thema selbst bei den Kindern anzusprechen.

Wenn sich die Lehrperson zu einer grundsätzlichen Einführung der Eltern in die schulische Sexualerziehung nicht im Stande fühlt, dann sollte sie eine kompetente Kollegin oder eine Mitarbeiterin einer außerschulischen Institution (zum Beispiel PRO FAMILIA) bitten, diesen Part bei der Elternversammlung zu übernehmen. Wichtig ist, dass sich die Lehrperson vorher mit dem Referenten oder der Referentin ausführlich unterhalten hat und sicher ist, dass das, was auf dem Elternabend vorgetragen wird, im Prinzip mit dem kompatibel ist, was sie selbst zu leisten vermag.

Ziel der Veranstaltung sollte sein, dass sich Eltern und Lehrerin als Partner verstehen, die den Kindern helfen wollen, ein aufgeklärtes und angstfreies Verhältnis zur Sexualität zu entwickeln und zu einem selbstbestimmten Sexualleben zu finden. Insbesondere der Hinweis auf den allgegenwärtigen Sex in den Medien mit ihren fragwürdigen „Botschaften" (eventuell belegt durch einige Fernsehmitschnitte oder Zeitschriftenzitate) sollte zu einer solchen Partnerschaft motivieren.

So ein Elternabend ist auch eine der wenigen Gelegenheiten, bei denen man das Thema des sexuellen Missbrauchs einmal mit denjenigen besprechen kann, die zum potenziellen (Mit-)Täterkreis gehören oder die möglicherweise Kontakt zu solchen Kreisen haben. Hier könnte von Seiten der Schule echte präventive Arbeit geleistet werden in der Hoffnung, dass der eine oder andere durch den Vortrag der Lehrperson bewusster wahrnimmt, wie er selbst mit dem Kind umgeht und was in seinem Umfeld passiert. Vielleicht wird er sensibilisiert für die Nöte eines betroffenen Kindes und eventuell ermutigt, für ein Kind Partei zu ergreifen und Hilfe zu mobilisieren. Eine Hilfe für den Elternabend in diesem Punkt ist der Ratgeber „Gegen sexuellen Missbrauch an Mädchen und Jungen" der AJS (Arbeitsgemeinschaft Kinder- und Jugendschutz) NRW (1998).

Möglicherweise erscheinen zu einem solchen Elternabend, der sich ausdrücklich mit dem Thema Sexualität befasst, gerade die Eltern nicht, mit denen man gerne einmal ins Gespräch gekommen wäre. Gemeint sind unter anderem Eltern aus anderen Kulturkreisen, die grundsätzlich Probleme mit der Sexualerziehung an deutschen Schulen haben. Für diese Eltern sollte man eventuell einen eigenen kleinen Gesprächskreis anbieten, zu dem man nach Möglichkeit einen sprachkundigen Kollegen aus dieser Gruppe zum Dolmetschen und Vermitteln einladen sollte. Eine Abrundung erfährt der Elternabend durch das Vorstellen verschiedener Aufklärungsbücher für Kinder, die sie zu Hause nutzen könnten oder die man in die Klassenbücherei stellen kann (s. S. 109).

Wenn man als Lehrerin ein bisschen mehr an Elternarbeit leisten will als unbedingt gefordert und man bei Elternabenden jeweils verschiedene Themen zur Diskussion stellt (zum Beispiel „Hausaufgaben" oder „Belohnung und Strafe" oder „Medienerziehung"), dann erscheint auch irgendwann einmal das Thema Sexualerziehung – und fällt gar nicht besonders auf. Dem Abend würde dann der „Geruch" des Besonderen fehlen und er würde als Bestandteil des lebendigen Dialogs zwischen Eltern und Schule aufgefasst werden.

An vielen Schulen ist es üblich, Tage der offenen Tür zu veranstalten. Wenn eine Lehrerin anlässlich eines solchen Tages einmal eine Unterrichtsstunde zum Thema Sexualität anbietet und Eltern die Möglichkeit haben zuzuhören, dann ist vielleicht auf Jahre hinaus im Schulbezirk eine Vertrauensbasis geschaffen, die Freiraum für Sexualerziehung bedeutet. Auch Arbeitsblätter, auf denen die Eltern nachvollziehen können, was im Unterricht gemacht worden ist, können als „vertrauensbildende Maßnahme" wirken.

4 Sexualwesen Grundschulkind

Von Geburt an lassen sich Kinder einteilen in Jungen und Mädchen. Das erscheint selbstverständlich und unstrittig – der „kleine Unterschied" ist schließlich nicht zu übersehen. Dennoch ist Weiblichkeit beziehungsweise Männlichkeit kein statisches Merkmal „ab ovo", sondern hat bei jedem Menschen eine komplizierte Geschichte, die von vielen Faktoren beeinflusst wird. Sie beginnt bereits vor der Geburt und wird lebenslang fortgeschrieben.

Bei der Einschulung ist das eine oder andere Kapitel schon geschrieben, für andere gibt es erste Überschriften oder Entwürfe – jedenfalls geht die Geschichte in der Grundschule weiter.

Sexuelle Biografie eines Erstklässlers

Biologisches Geschlecht

Am Beginn jeden menschlichen Lebens steht die Verschmelzung einer Ei- und einer Samenzelle. Die Samenzelle entscheidet über das chromosomale Geschlecht: Enthält sie ein X-Chromosom, dann wird es ein Mädchen, enthält sie ein Y-Chromosom, dann ist die erste Weiche in Richtung Junge gestellt. Die Eizelle bringt immer ein X-Chromosom mit.

Die Entwicklung eines Embryos mit zwei X-Chromosomen verläuft ziemlich gradlinig: Ohne Hormonstörung (etwa durch Medikamenteneinnahme der Mutter) und ohne Störung der Nebennierenfunktion bei Mutter oder Kind (etwa durch einen Tumor) verwandeln sich die anfangs gleich gestalteten „doppelgeschlechtlichen" Geschlechtsorgane in die typischen Geschlechtsorgane eines Mädchens. Ist ein Y-Chromosom vorhanden, bedarf es der Realisierung eines mehrstufigen „Planes", damit sich aus der zweigeschlechtlichen Anlage ein männlicher Körper entwickelt:

1. Unter dem Einfluss eines Gens auf dem Y-Chromosom verwandeln sich die Urkeimdrüsen nach der sechsten Embryonalwoche in Hodengewebe.
2. Das Hodengewebe muss Testosteron produzieren.
3. Das Körpergewebe des Embryos muss Rezeptoren für Testosteron besitzen, damit sich die indifferenten Anlagen zu männlichen Geschlechtsorganen weiterentwickeln können.
4. Das Hodengewebe muss einen Wirkstoff produzieren, der die Weiterentwicklung der weiblichen Strukturen unterdrückt.

5. Die Mutter darf während der Schwangerschaft keine Medikamente nehmen, die die Wirkung des Testosterons stören.

Wenn diese Bedingungen zum Teil nicht erfüllt sind, dann kann aus einem Menschen mit männlichem chromosomalen Geschlecht vom Erscheinungsbild kein „kompletter" Junge werden (vgl. auch S. 64 ff.).

Das *biologische* Geschlecht hat außer mit Geschlechtsorganen viel zu tun mit dem Hormonhaushalt. Im Prinzip sind im männlichen und weiblichen Körper die gleichen Hormone vorhanden, aber in unterschiedlicher Menge. Vorgeburtlich bewirken die Hormone bereits eine Programmierung des Gehirns auf einen zyklischen Ablauf der Keimzellreifung ab der Pubertät („Monatszyklus") beim Mädchen und auf eine kontinuierliche Keimzellproduktion beim Jungen.

In der Kindheit ist der Hormonspiegel bei Jungen und Mädchen niedrig. Vor der Pubertät steigt er rapide an und ist für viele dann typisch männliche und weibliche Veränderungen verantwortlich (siehe Abbildung 4).

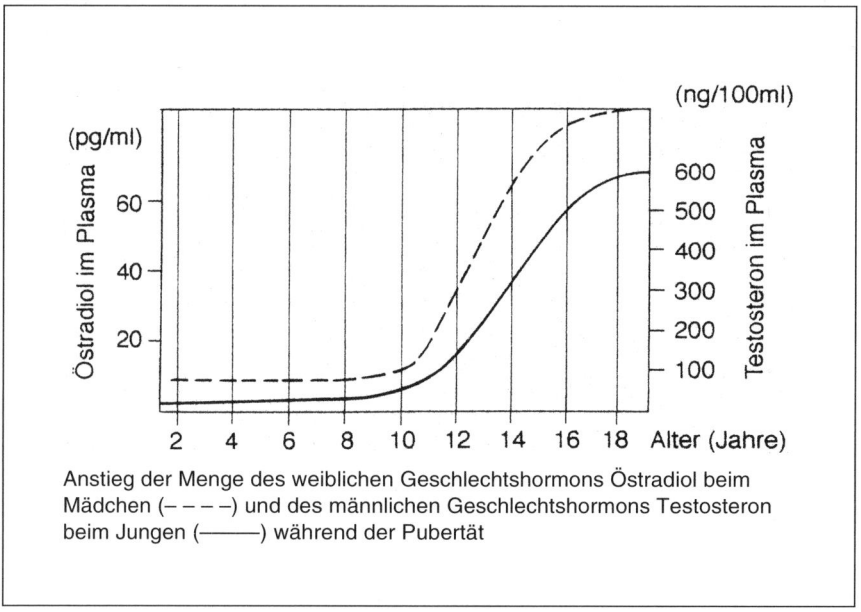

Anstieg der Menge des weiblichen Geschlechtshormons Östradiol beim Mädchen (– – – –) und des männlichen Geschlechtshormons Testosteron beim Jungen (——) während der Pubertät

Abbildung 4

19

Soziales und psychisches Geschlecht

Neben dem *biologischen* Geschlecht gibt es aber auch ein *soziales* und *psychisches* Geschlecht. Das *soziale* Geschlecht wird dem Kind bei der Geburt zugewiesen – meist auf der (nicht in allen Fällen ganz sicheren) Grundlage der sichtbaren Geschlechtsorgane.

Diese Zuweisung ist meist gekoppelt mit einem „Programm", das bewusst oder unbewusst an das Kind herangetragen wird. Es sind Anforderungen, Erwartungen, Einschränkungen, Rollen, die Eltern oder Gesellschaft mit Jungesein oder Mädchensein verbinden. Aus diesem allen resultieren Erziehung und geschlechtsbezogene Einflüsse durch Medien (Märchen- und andere Kinderbücher, Filme, Fernsehangebote und so weiter).

Das Kind kann sich von diesem Programm nicht distanzieren und verinnerlicht es als Teil seines Selbstkonzeptes. Meist mündet das in einem psychischen Geschlecht, das heißt in einer Selbstwahrnehmung als Sexualwesen (sexuelle Identität), das mit dem biologischen und zugewiesenen Geschlecht übereinstimmt. In vielen Fällen stimmen diese drei Komponenten aber von Kindheit an oder von einem bestimmten Punkt im Leben an nicht überein. Ein mit weiblichen Geschlechtsorganen ausgestatteter Mensch mag möglicherweise die ihm zugewiesene weibliche Rolle nicht, mag entweder von vornherein keine Puppen oder weigert sich später, einen „Frauenberuf" zu erlernen. Genauso kann es sein, dass ein Mensch mit männlichen Geschlechtsorganen alles scheut, was man üblicherweise von einem Jungen erwartet, oder später am liebsten die Rolle eines Hausmanns übernimmt. Die Übernahme oder Verweigerung einer traditionellen Geschlechtsrolle ist nicht zwangsläufig ein Zeichen dafür, dass die eigene biologische Geschlechtsidentität in Frage gestellt wird – es ist nur ein Zeichen dafür, dass die traditionellen Rollenzuweisungen auf der Basis der sichtbaren Geschlechtsorgane der Realität beziehungsweise den Menschen nicht gerecht wird (vgl. S. 93 ff.).

Nur in relativ seltenen Fällen fühlt sich ein Junge oder ein Mädchen „im falschen Körper" und strebt später eine Geschlechtsumwandlung an (*Transsexualität*), weil er oder sie sich nicht mit dem biologischen Geschlecht identifizieren kann.

Als weitere *unabhängige Komponente* wirkt sich die sexuelle Orientierung, das heißt die hetero-, bi- oder homosexuelle Partnerpräferenz auf die Geschlechtlichkeit aus. Auch die Vorliebe für einen männlichen oder weiblichen Sexualpartner ist also nicht an das biologische Geschlecht gekoppelt. Heute ist man sicher, dass die sexuelle Orientierung in frühester Kindheit, möglicherweise sogar schon vor der Geburt durch genetische (?) und hormonelle Einflüsse geprägt wird (vgl. S. 96 ff.).

Die Variablen „biologisches Geschlecht", „Verhalten", „Geschlechtsidentität" und „sexuelle Orientierung" treten also in allen Kombinationen auf. Das ist normal. Eigentlich möchte man es mehrfach betonen: *Das ist normal!* Es gibt lediglich die statistische Häufung bestimmter Kombinationen. Diese statistische Häufung darf aber nicht dazu führen, dass man die Menschen, die in der Minderheit sind, als „anormal" einstuft (vgl. S. 98).

Die Situation bei der Einschulung

Zum Zeitpunkt der Einschulung haben Kinder wichtige Schritte in der sexuellen Entwicklung normalerweise hinter sich: Sie haben den körperlichen Geschlechtsunterschied entdeckt und sich selbst entsprechend der eigenen Organausstattung dem männlichen oder weiblichen Geschlecht zugeordnet.

Da es heute nicht mehr selbstverständlich ist, dass eine Frau und ein Mann gemeinsam die Kinder versorgen, kann es vorkommen, dass Kinder kein gleichgeschlechtliches „Vorbild" im unmittelbaren Umfeld haben und sie deshalb nicht so einfach vom übereinstimmenden Körperschema auf das schließen können, was man als Junge oder als Mädchen einmal sein wird oder sein kann.

Auf jeden Fall haben sie schon eine Menge über die soziale Akzeptanz ihres Junge- oder Mädchenseins und die damit verbundenen Erwartungen gelernt. „Lass das, du bist schließlich ein Mädchen" oder „Ich denk, du bist ein Junge, dann reiss dich mal zusammen" oder „Nimm dir ein Beispiel an deiner Mutter, das ist eine tüchtige Frau" oder „Wehe, du wirst wie dein Vater, ..." oder „Wenn du erst einmal eigene Kinder hast, ..." und so weiter und so weiter – sind Einschärfungen, die das Verhältnis zum eigenen Geschlecht und zum jeweils anderen Geschlecht nachhaltig prägen.

Noch viel mehr haben die Kinder im Vorschulalter gelernt: Grundsätzliches zur Einschätzung von Sexualität. „Am eigenen Leib" haben sie erfahren,

- ob Eltern verstummen, wenn es um die Pflege der Geschlechtsorgane geht, obgleich sie alle anderen Körperteile beim Waschen und Abtrocknen zärtlich beim Namen nennen,
- ob Eltern – ganz im Gegenteil zum vorher Gesagten – ausgiebig die Geschlechtsorgane des Kindes „pflegen" und sich an seinen Reaktionen erfreuen,
- ob Eltern geniert wegsehen, wenn sie ihr Kind beim Onanieren antreffen, oder es abzulenken versuchen oder gar tadeln,
- ob Eltern ungeniert in Anwesenheit der Kinder miteinander schmusen oder Geschlechtsverkehr haben,
- ob ein Sexfilm im Fernsehen schnell abgeschaltet wird, wenn das Kind ins Wohnzimmer kommt,
- ob das Kind ermuntert wird, sich Sexfilme mit einem Elternteil zusammen anzusehen,
- ob Schamhaftigkeit eine lobenswerte oder lächerliche Eigenschaft ist,

- ob Eltern mit dem Kind schmusen und ihm die Erfahrung von Zärtlichkeit vermitteln,
- ob Eltern die Zärtlichkeit von Kindern abwehren,
- ob Sexualität zumindest dem Anschein nach nur in einer festen Beziehung (zum Beispiel der Eltern) gelebt wird,
- ob Sexualität ein „Spiel" mit wechselnden Mitspielern ist,
- ob Sexualität ein Konfliktfeld und Streitthema ist,
- ob Sexualität zur Harmonie in der Familie beiträgt,
- ob Sexualität und Gewalt „zwei Seiten einer Medaille sind",
- ob Gewalt im Zusammenhang mit Sexualität verpönt ist

und so weiter.

Viele Kinder haben die Geschlechtsorgane als „Quelle der Lust" entdeckt. Einige haben vielleicht schon heftige Liebesgefühle (mit und ohne „Liebeskummer") durchlebt und dabei erfahren, ob es sich lohnt, jemanden zu lieben. Vielleicht haben sie leider auch etwas erfahren, was man gemeinhin als „sexuellen Missbrauch" bezeichnet (vgl. S. 87 ff.) und dabei prägende Eindrücke von ihren Möglichkeiten oder der Unmöglichkeit sexueller Selbstbestimmung mitbekommen.

Das alles kann in allen Variationen in „Kopf und Herz" der Kinder abgespeichert sein – nur in Ausnahmefällen hat die Lehrperson eine Chance, Einzelheiten zu erfahren. Das bedeutet: Sie kann nur erahnen, „wo sie die Kinder abholt", wenn sie mit Sexualerziehung beginnt, und sie sollte sich vornehmen, nicht allzu „eingleisig" zu denken, wenn sie allen Kindern gerecht werden will.

Fortsetzung in der Grundschule – zwischen Sozialisation und Erziehung

Kommt das Kind in die Grundschule, so macht es neue geschlechtsbezogene Erfahrungen. Nicht von zentraler, aber doch auch von Bedeutung ist es zum Beispiel, dass Kinder hier zum ersten Mal streng nach Geschlechtern getrennt werden – nämlich auf den Toiletten. Das ist eigentlich erklärungsbedürftig, aber wer macht sich schon die Mühe, es den Kindern zu erklären?

Wesentlicher aber ist, dass es nun eine Fülle von nicht nur beiläufigen, sondern – vielleicht erstmalig – auch gezielten Einflussnahmen in Form von sexueller Sozialisation beziehungsweise von Sexualerziehung gibt.

Unter *Sozialisation* versteht man alles, was das Kind im Sinne einer *sozialen Anpassung* beeinflusst. An der *sexuellen* Sozialisation wirken demnach sämtliche personalen und medialen Einflüsse auf das Kind als Sexualwesen mit. Dabei kann man unterscheiden zwischen einer funktionalen, unbeabsichtigten

Sozialisation und einer intentionalen, geplanten und gezielten Sozialisation. Letztere ist das, was man unter *Sexualerziehung* versteht. Schöner wäre im Kontext mit Sexualität der Begriff *pädagogisch reflektierte Begleitung.*

Im schulischen Alltag wirkt jeder Lehrer, jede Lehrerin an der sexuellen Sozialisation der Kinder mit.

- Er oder sie lebt Mann- oder Frausein auf eine bestimmte Art vor und fungiert dadurch als Modell. In diesem Punkt kann die Lehrperson nur entscheiden, ob sie diese Rolle bewusst und reflektiert oder unbewusst und unreflektiert spielen will. Es wäre natürlich zu begrüßen, wenn sich Lehrpersonen ihrer Rolle als *Modell* für Mann- oder Frausein bewusst wären, nur dann könnten sie auch eine gewisse Kontrolle über ihre eigenen Wirkungen in diesem Punkt ausüben.

- Der zweite Bereich, in dem Unterrichtende auf jeden Fall Einfluss auf die geschlechtliche Entwicklung der Kinder nehmen, ist der des *alltäglichen Umgangs* mit den Kindern, in dem immer auch Interventionen bezüglich Sexualität und Sexualverhalten vorkommen. Der Schulleiter, der für die Papiersammelaktion auf dem Schulhof Jungen aus dem Handarbeitsunterricht herausholt mit der Bemerkung: „Das braucht ihr sowieso nicht im Leben", trägt – hoffentlich in diesem Fall unbewusst – zur sexuellen Sozialisation von Jungen und Mädchen in dieser Klasse bei. Auch die Lehrerin, die ein schlechtes Testergebnis bei Mädchen zu einer physikalischen Frage im Sachunterricht mit dem Satz entschuldigt: „Mädchen können eben keine Physik", leistet das Gleiche wie der Schulleiter. Brisanter noch ist eine Szene wie die folgende: Ein Mädchen beklagt sich darüber, dass die Jungen ihr auf dem Hof immer den Rock hochwerfen – eigentlich ein eindeutiger Fall von „sexueller Gewalt". Welchen „sozialisierenden" Effekt hat es nun, wenn die Lehrerin oder der Lehrer darauf antwortet: „Dann zieh in Zukunft lange Hosen an. Jungen sind eben so."

Das alles kann man aber noch *nicht* als *Sexualerziehung* bezeichnen. Diese setzt Bewusstheit bezüglich der Ziele und der Methoden, die zu den Zielen führen sollen, voraus. Die Lehrperson, die Sexualerziehung, also *intentionale* Sozialisation leisten möchte, weiß um die Bedeutung bestimmter Aktivitäten für die Geschlechter- beziehungsweise Sexualentwicklung, sie hat eine klare Zielvorstellung, welches Geschlechter- beziehungsweise Sexualverhalten sie fördern und was sie nicht fördern will, und sie macht sich Gedanken darüber, welche Medien und Methoden sie dazu einplanen kann.

Sexualerziehung gibt es in der Schule in Form *geplanter unterrichtlicher Maßnahmen* und in Form von *Spontanreaktionen*, sofern die beteiligte Lehrperson die Situation als Möglichkeit zur Sexualerziehung erkennt und sie als Chance zu gezielter Einflussnahme nutzt (vgl. S. 36). Lehrpersonen, die sich als Sexualerzieher begreifen, würden in den oben zitierten Situationen sicherlich anders reagieren, weil sie sich der möglichen Wirkungen ihrer Reaktionen bewusst wären und diese in Beziehung setzen würden zu den Zielen einer zeitgemäßen Sexualerziehung.

Während Kinder funktionale sexuelle Sozialisation mit Sicherheit im Elternhaus erfahren und diese auch in der Grundschule zwangsläufig erleben, hängt „richtige" Sexualerziehung davon ab, ob sich Lehrpersonen dazu entschließen, das Verhältnis der Geschlechter zueinander und das Verhältnis der Kinder zur Sexualität im engeren Sinne *bewusst und gezielt* zu beeinflussen. Wenn sie es nicht tun, impliziert dies ein stillschweigendes Einverständnis mit dem, was sie bei den Kindern vorfinden, und mit dem, was die Medien an Lernanreizen und Orientierungen bieten, und den daraus resultierenden Effekten.

5 Was sollen Kinder durch Sexualerziehung lernen?

Erziehung zeichnet sich durch Ziele aus. Verkehrserziehung zum Beispiel will erreichen, dass Kinder sich an die Verkehrsregeln halten, damit sie selbst und andere nicht zu Schaden kommen. So kann es mit der Sexualerziehung nicht gemeint sein. Sexualität ist ein sehr persönlicher intimer Bereich, den jeder Mensch grundsätzlich so ausleben kann, wie er will. Und der Begriff des „Schadens" ist hier nur in bestimmten Fällen anzuwenden.

Symptomatisch ist, dass im Vergleich zum Verhalten im Straßenverkehr der Bereich von Sexualität nur durch ganz wenige Paragraphen im Strafgesetzbuch erfasst wird – mit gutem Grund überlässt der Staat die Gestaltung des Sexuallebens (in zunehmendem Maße) jedem Bürger. Es sei daran erinnert, dass der Umgang mit Pornografie heute staatlicherseits anders gehandhabt wird als noch vor wenigen Jahren, dass der Paragraph 175, der homosexuelle Handlungen (zwischen Erwachsenen) unter Strafe stellte, entfallen ist und dass sich auch die Situation bezüglich des Schwangerschaftsabbruchs in der Praxis verändert hat.

Dennoch beschleicht mich ein ungutes Gefühl bei der Vorstellung, wir würden im Bereich Sexualität auf Ziele verzichten. Vielleicht fehlt mir der Glaube an das angeboren Gute im Menschen, um mir vorzustellen, dass ohne jede wertorientierte Erziehung Menschen mit der eigenen und mit der Geschlechtlichkeit anderer so umgehen würden, dass alle gleichermaßen damit glücklich werden könnten. Auch die Vorgabe in den KMK-Empfehlungen von 1968, Sexualerziehung sei Erziehung zu *verantwortlichem geschlechtlichen Handeln*, erscheint mir zu vage.

Werte-Entscheidungen und Erziehungsziele

Woher aber soll man Ziele zur Sexualerziehung herleiten? Erziehungsziele sind Werte-Entscheidungen und hängen immer zusammen mit einem Menschenbild. Dieses wiederum ist abhängig von persönlichen Vorlieben und Erfahrungen, von Glaubensinhalten, von politischen Überzeugungen und modischen Strömungen. Von alldem gibt es in einer pluralen Gesellschaft viele und zum Teil solche, die nicht miteinander vereinbar sind.

Insbesondere die *grundsätzliche Einordnung* von Sexualität in ein solches Menschenbild ist problematisch (geworden). Ist Sexualität ein Trieb, der im

Interesse des Menschen unterdrückt oder sublimiert werden muss oder der – ganz im Gegenteil – hemmungsfrei ausgelebt werden sollte, um den Menschen glücklich zu machen? Ist Sexualität eine Fähigkeit – wie die zum Erlernen einer Sprache –, die erst durch Übung bei Kindern zur Entfaltung kommt oder die von allein heranreift? Handelt es sich um einen instinktgeleiteten Verhaltensbereich, aus dessen archaischen Zwängen zur Fortpflanzung sich die Menschheit endlich mit Hilfe von Erziehung befreien sollte? Oder ist das Sexuelle ein in erster Linie gesellschaftlich geprägtes und von vor allem männlichen „Machthabern" kontrolliertes Phänomen, dem im Interesse des Menschen mit „emanzipatorischer Sexualerziehung" begegnet werden muss? Ist Sexualität ein Verhaltensbereich neben anderen, den man aktivieren oder ruhen lassen kann, oder eine Lebensenergie, die alle Verhaltensbereiche ständig durchdringt beziehungsweise durchdringen soll?

Fragen über Fragen! Auf diese Fragen gibt es keine einfachen oder gar eindeutigen Antworten. Ich „drücke" mich vor einer diesbezüglichen Festlegung, weil ich meine, dass eine solche Festlegung für die schulische Sexualerziehung nicht erforderlich, ja sogar hinderlich ist. Für den *privaten Umgang* mit den eigenen Kindern ist eine solche grundsätzliche Entscheidung natürlich unumgänglich.

Wichtig für die Schule ist, dass wir uns auf Ziele einigen, die *auf der Basis jeden theoretischen Vorverständnisses* akzeptabel und erreichbar erscheinen, in Einklang mit anderen Erziehungszielen in unserer Gesellschaft stehen und das Elternrecht nicht missachten. Ein eigenes „Dogma" für die Sexualerziehung beziehungsweise eine Festlegung auf eine so genannte repressive oder emanzipatorische Sexualerziehung mit all ihren weltanschaulichen, ideologischen und sogar politischen Implikationen sollte m. E. vermieden werden.

In unserer demokratischen aufgeklärten Gesellschaft sollte es eigentlich möglich sein, allgemein gültige Werte der Lebensgestaltung und des Miteinanderlebens auch auf den Bereich Sexualität und auf den Umgang der Geschlechter miteinander zu übertragen.

Solche Werte beziehungsweise Ziele sind:

- Fähigkeit, die durch Sexualität gegebenen Möglichkeiten zur Lebensgestaltung in Einklang zu bringen mit anderen persönlich bedeutsamen Lebensbereichen und sie im positiven Sinne zu nutzen und zu genießen
- Kenntnisse, die einen aufgeklärten, wissenschaftlich fundierten und angstfreien Umgang mit Sexualität und eine kritische Auseinandersetzung mit Erscheinungsformen von Sexualität in der Gesellschaft ermöglichen
- Kompetenz und Motivation zur Übernahme von Verantwortung beim sexuellen Handeln und bezüglich der möglichen Zeugung eines Kindes
- Fähigkeit, Widersprüche, Probleme und Konflikte in diesem Bereich auszuhalten und zu bearbeiten

- Bereitschaft zum partnerschaftlichen Umgang der Geschlechter (und Generationen) miteinander unter Verzicht auf jedwede Form von Gewalt und Ausbeutung und unter Beachtung des Rechtes anderer auf körperliche und seelische Unversehrtheit
- Inanspruchnahme des Rechts auf sexuelle Selbstbestimmung unter Beachtung des Selbstbestimmungsrechts anderer und begründeter Schutzansprüche von Kindern und Jugendlichen
- Toleranz Menschen gegenüber, die eine Art von Sexualität leben, die sich von der eigenen und gewohnten unterscheidet

Abbildung 5

Diese Ziele könnten – leicht umformuliert – auch für andere Verhaltensbereiche gelten. Zu betonen ist, dass diese Ziele nicht zu einer Bewertung von Sexualität an sich herangezogen werden können, sondern nur zu einer situationsabhängigen Bewertung führen. Der *persönliche und soziale Kontext* ist ausschlaggebend für die Bewertung sexuellen Verhaltens. Hierin stimmt der Zielkatalog überein mit der „Minimalethik" nach COMFORT (1968): „Du sollst die Gefühle eines Menschen nicht rücksichtslos ausnutzen und ihn mutwillig enttäuschenden Erfahrungen aussetzen" und „Du sollst unter keinen Umständen fahrlässig die Zeugung eines unerwünschten Kindes riskieren".

Ich werde diese Zielvorstellungen jedenfalls bei den folgenden Überlegungen zu einzelnen Unterrichtsthemen und Medien zu berücksichtigen versuchen. Dass sie nicht im Widerspruch zu Zielen in den Richtlinien zur Sexualerziehung stehen, halte ich für selbstverständlich – vielleicht ist hier der eine oder andere Aspekt lediglich im Detail ausgespart, weil er – aus meiner Sicht – in den persönlichen Entscheidungsspielraum im Rahmen eines der o. g. Ziele fällt.

Sexualerziehung und das Lernziel „Liebesfähigkeit"

Eine zentrale Frage von Sexualerziehung ist die nach dem Zusammenhang zum Thema Liebe und Beziehung. So findet man nicht nur in Richtlinien, sondern auch in Materialien zur Sexualerziehung das „Lernziel: Liebesfähigkeit" (vgl. BAER 1988; FURIAN 1995).

Es ist offenkundig und entspricht der alltäglichen Lebenserfahrung, dass sexuelle Motivation und lustvolles sexuelles Handeln auch ohne das, was man gemeinhin „Beziehung" oder gar „Liebe" nennt, erlebt werden können. Immer schon hat man sich aber – vor allem unter dem Einfluss von Religionen – darum bemüht, Menschen dazu zu bewegen, „liebevolle" Sexualität anzustreben, und ich glaube, dass es in der Tat etwas sehr Erstrebenswertes ist, Sexualität in einer liebevollen Beziehung zu erleben, aber ...

Immer schon gab es auch Menschen, die – trotz einer an Liebe orientierten Sexualerziehung – nur sehr schlecht Beziehungen aufbauen und noch viel schlechter aufrechterhalten können oder wollen. Auch gab es immer schon Menschen, die gerne eine Beziehung gehabt hätten, aber auf Grund einer körperlichen oder seelischen Behinderung oder wegen äußerer Umstände keinen Partner finden. Und dann gibt es viele Menschen, die im Laufe des Lebens nach langjähriger „liebevoller Beziehung" durch Tod oder Scheidung plötzlich ohne Partner dastehen und – vielleicht wegen des fortgeschrittenen Alters mit Verlust an Anpassungsfähigkeit und Attraktivität und wegen der Jugendfixiertheit vieler Menschen – sich mit dem Alleinsein oder mit flüchtigen Sexualkontakten abfinden müssen.

Soll man den Sex, den diese Menschen mit sich allein oder mit „nicht geliebten" Partnern haben können, abwerten oder gar zu unterdrücken versuchen, weil er nicht in eine liebevolle Beziehung eingebettet ist? Ich meine, mit dieser Haltung würde man vielen Menschen in einem wichtigen Bereich das Recht auf Lebensqualität absprechen. Auch gibt es Menschen, für die „Geilheit" vorrangiges Motiv für sexuelles Handeln ist. Sollen die sich im *wertfreien* Raum bewegen? Ich plädiere dafür, die oben aufgeführten Werte bei der Sexualerziehung in den Vordergrund zu stellen und sie unabhängig von „liebevollen Beziehungen" für jede Form von sexuellen Handlungen einzufordern.

Immerhin stellt die Forderung, Sexualität vor allem im Kontext mit „Liebe" zu sehen, einen Fortschritt gegenüber einer Sichtweise dar, die Sexualität nur im Zusammenhang mit Fortpflanzung gelten lässt. Liebe kann im Gegensatz zur Fortpflanzung auch bei Menschen wirksam sein, zwischen denen das gemeinsame Kinderkriegen aus welchem Grund auch immer kein Thema ist, so auch unter anderem bei homosexuellen Menschen.

Wenn man den Zusammenhang von Sexualität und Beziehung für unverzichtbar hält, so müsste man tatsächlich in der Sexualerziehung das Lernziel „Liebesfähigkeit" etablieren. Wie aber erreicht man dieses Ziel? Ich halte es für nahezu unmöglich, in der Schule gezielt auf die „Fähigkeit zu lieben" bei Kindern Einfluss zu nehmen. Ich glaube, dass diese Fähigkeit im Elternhaus und durch unterrichtsunabhängige Erlebnisse geprägt wird.

Man sollte aber Elemente, die in jeder partnerschaftlichen, freundschaftlichen und auch liebevollen Beziehung von positiver Bedeutung sein können, im Unterricht unterstützen beziehungsweise zu entwickeln versuchen. Das sind die Fähigkeiten,

- Gefühle zuzulassen und zu zeigen,
- Gefühle anderer wahrzunehmen und zu akzeptieren,
- zuzuhören,
- Anteil zu nehmen,
- zuverlässig zu sein,
- den anderen mit seinen Argumenten ernst zu nehmen,
- streiten zu können,
- Kränkungen zu vermeiden,
- Kompromisse schließen zu können,
- sich entschuldigen zu können,
- Entschuldigungen annehmen zu können,
- nicht nachtragend zu sein,
- sich und anderen Freiräume zuzugestehen,
- Menschen nicht zu funktionalisieren,
- sich nicht funktionalisieren zu lassen

und andere mehr.

Erstrebenswert wäre, wenn es ergänzend zur Sexualerziehung auch eine fächerübergreifende *Beziehungserziehung* in der Schule geben würde mit dem Ziel, Menschen zu befähigen, Beziehungen – mit und ohne sexuelle Komponente – aufzubauen und auf Dauer zu gestalten.

Es wäre aber aus meiner Sicht auch schon ein Erfolg, wenn Menschen, die ihre Schwierigkeiten mit Liebe und Beziehung haben, zumindest die auf S. 26 f. genannten Werte für den Umgang mit Sexualität akzeptieren würden.

6 Schwierigkeiten

Nicht jede Lehrerin macht von Anfang an oder nur gute Erfahrungen mit der Sexualerziehung in der Grundschule. Theoretisch kann man zwei Quellen für mögliche Probleme annehmen: die Klasse einerseits und die Lehrperson andererseits.

In einigen Fällen sind die Probleme tatsächlich so eindeutig zuzuordnen, in vielen Fällen käme man bei genauer Betrachtung sicherlich zu der Überzeugung, dass es an der „fehlenden Passung" zwischen Lehrperson und Klasse liegt – Ungeschicklichkeiten beziehungsweise provokantes Verhalten auf der einen Seite erzeugt Provokantes oder Ungeschicklichkeiten auf der anderen Seite. Schlimmstenfalls schaukelt sich das dann hoch, bis die Lehrperson sagt: „Nehmt die Mathehefte raus, mit euch kann man ja nicht vernünftig reden", und dabei denkt: „Nie wieder Sexualerziehung", oder bis Schüler und Schülerinnen kichernd oder aggressiv die Stunde im Chaos untergehen lassen.

Probleme in der Klasse

In der Klasse sind vor allem zwei Problemquellen denkbar:

1. *Einzelne Kinder* reagieren auf Grund ihrer persönlichen Biografie auf das Thema Sexualität oder auf Medien und Methoden, die in der Sexualerziehung eingesetzt werden, „auffällig". Hier handelt es sich nicht um ein grundsätzliches Problem, sondern um ein individuelles. Die Lehrperson sollte geduldig dafür werben, dass sich diese Kinder zumindest so verhalten, dass sie den andern den Unterricht nicht „kaputtmachen". Eine besondere Situation ergibt sich, wenn ein Kind durch sexuelle Erfahrungen zu Hause dem Thema gegenüber stoisch, phobisch oder überdreht reagiert. Solche Kinder können einer aufmerksamen Lehrerin beim Thema Sexualität auffallen: Das Kind mag sich nicht äußern oder redet auffallend viel, es guckt weg, wenn Bilder oder Modelle gezeigt werden, oder fällt durch altkluge Sprüche oder „obszöne" Bewegungen auf (vgl. S. 87 ff.). Schlimm wäre es, wenn diese Auffälligkeiten kaschierte Hilferufe wären und die Lehrerin sich diesen Hilferufen gegenüber „taub stellen" würde.
   In einem Einzelgespräch sollte man dem Kind sagen, was auffällt. Dabei dürfen natürlich keine Interpretationen oder Unterstellungen einfließen – vielleicht klärt sich ja doch alles als ganz harmlos auf, vielleicht ist das Kind wirklich nur „ungezogen" oder gehört zu denen, die sich immer erst einzeln

um disziplinierte Mitarbeit bitten lassen. Vielleicht erhält die Lehrerin aber auch Anhaltspunkte für ernstliche Probleme zu Hause, über die sie sich dann mit einer Fachkraft einer außerschulischen Institution unterhalten sollte, ehe sie weitere Schritte unternimmt.

2. Es gibt vermehrt *Kindergruppen* in Schulen, die auf Grund ihres *soziokulturellen Hintergrundes* prinzipiell Probleme mit der Sexualerziehung in deutschen multikulturellen Klassen haben.

  ● Kinder aus sehr *konservativen* Elternhäusern werden mit der offenen Art, über Sexuelles zu reden, Schwierigkeiten haben. Solche Kinder gibt es praktisch in jeder Klasse. Unausweichlich sind die Konflikte für das Kind, wenn es einer Religionsgemeinschaft angehört, in der Sexualität tabuisiert wird oder nur auf bestimmte Art behandelt werden darf. Solche Kinder sind unter anderem Kinder aus Aussiedlerfamilien oder aus südeuropäischen Familien, die streng katholisch erzogen werden (vgl. JANUSCHEK 1995). Für diese Kinder sind bereits Abbildungen von unbekleideten Körpern eine sündige Sache, und das akzeptierende Reden über Selbstbefriedigung oder uneheliche Partnerschaften ein schwerer Verstoß gegen die göttliche Ordnung. Auch Kinder aus bestimmten kleinen religiösen Gruppen in Deutschland (zum Beispiel Zeugen Jehovas) leiden unter den Widersprüchen zwischen Elternhaus und Schule.

  ● *Muslimische* (meist sind es türkische) Kinder können das Bild von Mann und Frau, das in der Sexualerziehung an unseren Schulen vermittelt wird, kaum in Einklang bringen mit ihren traditionellen Werten. Gleichberechtigung von Frauen und das Recht auf Selbstbestimmung passen nicht zur muslimischen Gesellschaft, weil der Koran eine bestimmte Rollenverteilung bei den Geschlechtern vorschreibt (vgl. HEIDARPUR 1995; TEUTLOFF 1998).

Kinder entwickeln ihre eigenen Strategien, mit dem Zwiespalt fertig zu werden. Die einen stellen sich im Unterricht teilnahmslos, während sie hochinteressiert zuhören, andere rebellieren (oft auf Geheiß der Eltern) offen, was den Lehrer in große Schwierigkeiten bringen kann, und wieder andere schaffen es mit einer gewissen „Schizophrenie": Sie arbeiten in der Schule eifrig mit, „vergessen" aber dann die Arbeitsmaterialien in der Schule und entgehen dadurch peinlichen Verhören und Gegenreden zu Hause. Selbst wenn man grundsätzlich den Standpunkt vertritt, dass Kinder, die in eine deutsche Schule gehen, alle Lernangebote hier mitzunehmen haben und es für diese Kinder keinen Anspruch auf Befreiung von der Sexualerziehung gibt, sollte man in Einzelfällen doch überlegen, ob man Kinder mit solchen Schwierigkeiten nicht in irgendeiner Form entlastet (vgl. MAIER 1995; JANUSCHEK 1995; MARBURGER 1996). Die Entlastung kann zum Beispiel darin bestehen, dass sich die Kinder in die Leseecke des Klassenraums zurückziehen können, sobald ausdrücklich Sexualerziehung auf dem Plan steht. Ob sie von da aus zuhören oder nicht, bleibt dann ihnen überlassen.

Dass in diesen Fällen der *Elternarbeit* besondere Bedeutung zukommt, ist selbstverständlich (vgl. S. 15 ff.).

Auch Lehrpersonen haben ihre Probleme

Gründe für Probleme mit der Sexualerziehung können auch in der Persönlichkeit der Lehrerin oder des Lehrers liegen, die ja auch eine individuelle sexuelle Biografie haben.

Abbildung 6

Im einfachsten Fall sagt eine Lehrerin: Sexualität ist Privatsache, darüber rede ich nicht in der Öffentlichkeit – auch nicht mit Kindern. Ob nun aus Überzeugung oder aus „Verklemmtheit": Gegen dieses Argument kann man nichts einwenden, man muss nur dafür Sorge tragen, dass die Kinder durch eine andere Lehrperson Sexualerziehung erfahren. Es gäbe nichts Schrecklicheres und Peinlicheres als einen Sexualkundeunterricht mit einer Lehrperson, die durch Körperhaltung und Mimik, durch die Wortwahl und durch Spontanreaktionen auf das Verhalten der Klasse die Botschaft verbreiten würde, dass das ganze Thema irgendwie unappetitlich, unanständig und überflüssig ist.

Komplizierter ist der Fall, wenn eine Lehrperson ihre Sexualität nach Grundsätzen lebt, die – nach den „ungeschriebenen Spielregeln" in unserer Gesellschaft – auf die Mehrheit befremdlich oder (noch) exotisch wirken, weil sie entweder antiquiert oder äußerst fortschrittlich, dogmatisch oder radikal zu sein scheinen. Hier ist die Lehrperson in einem Dilemma, wenn sie – im Gegensatz zu den „verklemmten" Kolleginnen – keine Probleme darin sieht, Sexualerziehung zu leisten und dabei auch ihre Grundsätze vor Kindern zu vertreten.

Soll sie das, was sie selbst für gut und richtig hält, vor den Kindern als gut und richtig darstellen? Hier einige Beispiele:

- Nur eine lebenslang treue monogame Partnerschaft entspricht der Würde des Menschen
- Immer dieselbe oder denselben im Bett zu haben ist langweilig und treu sein ist sowieso gegen die Natur des Menschen
- Abtreibung ist Mord
- Mein Bauch gehört mir – wenn es mit der Verhütung nicht klappt, dann treibe ich eben ab
- Der Sinn von Sexualität wird verpasst, wenn man keine Kinder haben will
- Sex ist das Wichtigste im Leben; überall sollte man ihn suchen und genießen
- Alle Männer sind potenzielle Vergewaltiger
- Grundsätzlich sollen Kinder nicht ohne Vater aufwachsen
- Nur die heterosexuelle Orientierung und heterosexuelle Handlungen sind in Ordnung
- Der Mensch ist von Natur aus bisexuell und das sollte er ausleben

und so weiter.

Selbstverständlich kann die Lehrperson in ihrem Privatleben der einen oder anderen radikalen Sichtweise anhängen, aber darf sie diese auch vor der Klasse äußern? Zu diesem Problem gibt es in der Praxis mehrere Antworten: Die einen sagen, die Lehrperson müsse authentisch sein, das heißt, sie soll zu ihren eigenen Präferenzen und Entscheidungen bezüglich Sexualität offen stehen. Die anderen meinen, ein Zurücknehmen sei nötig, da persönliche Äußerungen möglicherweise normierende Wirkung auf die Kinder haben können. Diese Wirkung sei nicht statthaft, wenn oder weil sie nicht dem gesellschaftlichen Minimalkonsens entspreche, der sich in den Richtlinien und Lehrplänen widerspiegelt.

Eine schwierige Situation, in die die meisten anderen Berufsgruppen nicht kommen, weil sie bezüglich Sexualität keine „offizielle Meinung" vertreten müssen beziehungsweise nicht in den Verdacht geraten, ihre Meinung sei eine „offizielle".

Die Forderung in den Richtlinien von Nordrhein-Westfalen (1974) ist eindeutig: „Der Lehrer muss unterscheiden zwischen der Wahrnehmung amtlicher Aufgaben und der Verbreitung seiner persönlichen Überzeugung ... Der Lehrer sollte nie über eigenes sexuelles Verhalten berichten."

Meine persönliche Einschätzung ist folgende: Wegen ihrer Autorität sollte eine Lehrperson mit radikalen Meinungen (gleich welcher Richtung), die in unserer Gesellschaft schon oder noch umstritten sind, zurückhaltend sein – Kinder sind nicht zu kritischer Distanz fähig, sie könnten sich an der vorgetragenen Meinung orientieren, ohne zu merken, dass es Gegenpositionen gibt. Dies käme einer Indoktrination gleich. Und keine Lehrperson kann sicher sein, dass ihre persönliche, von der eigenen Biografie geprägte Einstellung zu bestimmten sexuellen Fragen für die Kinder in ihrer Klasse gut und nützlich ist oder nicht.

Wie aber ist es, wenn Kinder fragen, ob die Lehrperson selbst schon einen Schwangerschaftsabbruch erlebt hat oder warum der Lehrer nicht – wie die anderen Lehrer – mit einer Frau zusammenlebt. Von manchen Sexualpädagogen wird gefordert, man müsse auf solche Fragen wahrheitsgemäß antworten. Dem möchte ich widersprechen: Dem Kind oder der Klasse hilft die ehrliche Antwort nicht weiter. Hilfreich ist es, wenn man das Thema der Frage aufgreift und anbietet, darüber zu reden. Meistens stellt sich heraus, dass die Kinder tatsächlich nicht an einem persönlichen Bekenntnis, sondern an dem Thema interessiert sind. Sollten die Kinder dennoch nachhaken, kann die Lehrperson mit gutem Recht sagen, dass sie die Frage zur Person eigentlich nicht beantworten möchte, weil das ihr Privatleben angeht – sie würde die Kinder ja auch nicht nach so privaten Dingen fragen.

Diese Strategie dient vor allem dem Schutz der Kollegen und Kolleginnen, die im Hinblick auf die Strukturen im Schulbezirk fürchten (müssen), mit ehrlichen Antworten Abwehrreaktionen in den Elternhäusern auszulösen – sie würden diese Abwehr vielleicht bei der nächsten Klassenfahrt oder bei der Rückgabe der nächsten Mathearbeit zu spüren bekommen. Kolleginnen, die sich sicher sein dürfen, dass ihre Antwort problemlos akzeptiert würde, sollten aus Solidarität solche Antworten vermeiden. Sonst entstünde der Eindruck, dass diejenigen, die nicht antworten, etwas zu verbergen hätten. Die schlechteste Lösung wäre die, dass sich einige wegen der Bekennerfreude anderer gezwungen sähen zu lügen.

Und was ist mit den – hoffentlich seltenen – Lehrern und Lehrerinnen, für die Sexualerziehung einen besonderen Reiz hat, weil sie mit Kindern Themen ansprechen, Bilder betrachten und Spiele durchführen können, die ihren eigenen sexuellen Neigungen entsprechen? Mir ist klar, dass diese Frage beziehungsweise die damit verbundene Unterstellung schlimm ist. Es muss aber zulässig sein, im Interesse von Kindern diese Frage zu stellen. Sexualerziehung als eine besonders raffinierte Form der sexuellen Ausbeutung – das darf nicht sein!

Hier wird wieder einmal deutlich, wie fatal es ist, dass es keine verbindliche und *qualitativ standardisierte Aus- und Fortbildung* für Sexualerzieher in der Schule gibt. Wie anders als durch Selbsterfahrung, Selbstreflexion und Feedback aus einer Gruppe könnte eine solche Lehrperson zur Zurückhaltung oder vielleicht sogar zum Verzicht auf sexualerzieherische Aktivitäten motiviert werden? Das weiter gehende Problem besteht natürlich darin, dass auch die Trainer und Trainerinnen, die sich für sexualpädagogische Aus- und Weiterbildung anbieten, derzeit noch keiner Kontrolle bezüglich ihrer eigenen Motive unterliegen.

Glücklicherweise kann man ein wenig darauf vertrauen, dass Kinder oft ein gutes Gespür für „merkwürdige Zwischentöne" haben. Eltern, denen die Lehrperson beim Thema Sexualität suspekt vorkommt, oder auch Kollegen und Kolleginnen können verhindern, dass solche Lehrpersonen Unterricht zum Thema Sexualität geben.

7 Gelegenheiten für Sexualerziehung nutzen und schaffen

Hat man sich einmal dazu entschlossen – fast möchte ich sagen: durchgerungen –, bewusst und gezielt Sexualerziehung zu leisten, dann kann man unterschiedliche Möglichkeiten im Schulalltag dazu nutzen.

Beiläufige Sexualerziehung

Ich komme auf die bereits oben zitierte Situation zurück: Ein Mädchen beklagt sich bei der Aufsicht führenden Lehrperson, weil ihr ein paar Jungen immer den Rock hochwerfen. Ein klarer Fall von „sexueller Belästigung" beziehungsweise „sexueller Gewalt" – das hört sich zwar übertrieben an, trifft aber durchaus den Kern des Problems. Dies ist eine gute Gelegenheit zu „beiläufiger Sexualerziehung". Typisch ist, dass der Anlass nicht geplant oder initiiert worden ist, sondern einfach so passiert. Wenn die Lehrerin sich den oben genannten Zielen verpflichtet fühlt und reflektiert reagiert, dann wird sie versuchen, dem Mädchen Mut zu machen, weiterhin ihren Rock zu tragen. Selbstverständlich müssen die Jungen zur Rede gestellt werden. Wenn das Mädchen das nicht allein schafft, dann sollte ihr die Lehrerin helfen. Die Jungen sollten begründen, warum sie das Mädchen in dieser Form ärgern. Wenn dabei von den Jungen – was zu erwarten ist – nur irgendwelche dummen Sprüche kommen („Das macht eben Spaß." oder „Das machen doch alle."), könnte man ernsthaft nachfragen, ob Jungen es wohl hinnehmen würden, wenn Mädchen „nur so zum Spaß" versuchen würden, sie in Unterhosen dastehen zu lassen. Vielleicht gelingt es bei so einer Intervention, zumindest eine gewisse Nachdenklichkeit bei einzelnen Jungen zu erzeugen und Mädchen in ihrer Abwehr solcher Übergriffe zu bestärken.

Eine andere Gelegenheit ergibt sich zum Beispiel auch, wenn ein Kind anlässlich einer Straßenbahnfahrt durch eine Großstadt unvermittelt fragt: „Was ist denn ein Homo-Sexshop?" Wichtig ist, dass sich die Lehrperson bei ihrer Spontanreaktion unter Kontrolle hat und nicht versehentlich Aussagen macht, die nicht mit ihren Zielen übereinstimmen oder das fragende Kind durch irgendeinen abwehrenden Satz „deckeln", wie zum Beispiel durch folgenden: „So eine Frage kann ja auch nur von dir kommen. Schau dir lieber mal das Reiterdenkmal an, an dem wir gerade vorbeifahren." Vertretbar ist es

Abbildung 7

durchaus, dass man in Anbetracht der neugierig aufhorchenden anderen Fahrgäste in der Straßenbahn oder der nahenden Haltestelle sagt: „Merk dir bitte deine Frage. Ich antworte dir gleich, wenn wir am Zoo angekommen sind." Sie kann sich dann, am Zoo angekommen, natürlich erst vergewissern, ob das Kind seine Frage noch weiß und weiterhin an einer Antwort interessiert ist. Wenn nicht, braucht man nicht von sich aus die Aufmerksamkeit der Kinder wieder auf das Thema zu lenken. Wenn doch, ist eine einfache zutreffende Antwort fällig, die in Einklang mit den Zielen von Sexualerziehung steht:

> *Männer, die gern mit Frauen zärtlich zusammen sind, und Frauen, die gern mit Männern zärtlich zusammen sind, nennt man heterosexuell. Für sie gibt es Sexshops. Das sind Geschäfte, in denen man zum Beispiel besonders tolle Unterwäsche für Männer und Frauen oder auch Bilder von besonders schönen Männern und Frauen kaufen kann. Männer, die nur mit Männern gern zusammen sind, und Frauen, die nur mit Frauen gern zusammen sind, nennt man homosexuell. Für sie gibt es Homo-Sexshops. Da finden sie für ihren Geschmack das Gleiche, was heterosexuelle Menschen in ihren Sexshops finden.*

Eine derartige (oder sinngemäße) Antwort kann man selbstverständlich auch sofort geben, wenn die Situation es zulässt und in der Klasse bereits eine offene Atmosphäre bezüglich des Themas Sexualität herrscht.

Als ein weiteres Beispiel für beiläufige Sexualerziehung, die sich bewusst an den aufgeführten Zielen orientiert, möchte ich Folgendes darstellen: Ein Kind in der Klasse nimmt anscheinend Handlungen an sich vor, die der „Selbstbefriedigung" dienen. Mitunter wird die Lehrperson auch von anderen Kindern auf so einen „Wichser" (männlich) oder auf ein Mädchen, „das da unten rumfummelt", hingewiesen. Zuerst einmal ist Vorsicht angesagt bei der Vermutung, dass die Manipulationen an den Geschlechtsorganen tatsächlich etwas mit Selbstbefriedigung zu tun haben. Das Kind könnte sich auch nur kratzen, weil es zu enge Unterwäsche trägt, eine Infektion zwischen den Beinen hat oder unter Darmparasiten (Würmern) leidet. Deshalb keine Bloßstellungen vor der Klasse!

Wenn die schlichte Ermahnung „Bleib doch mal ruhig sitzen" nichts bewirkt, sollte man das Kind einzeln ansprechen: „Du reibst dich im Unterricht dauernd zwischen den Beinen. Gibt es dafür einen Grund oder machst du das zum Spaß?" So erfährt man, ob etwas juckt oder zwickt. Gegebenenfalls wird das Kind aufgefordert, zum Arzt zu gehen, oder die Lehrperson spricht mit der Mutter. Wird kein derartiger Grund angegeben, lässt sich folgern, dass das Reiben Spaß macht. Jetzt sollte eine Argumentation folgen, die dem Grundsatz entspricht: Nicht das Sexuelle an sich, sondern nur der situative Kontext führt zu einer Bewertung. Die Lehrperson bekräftigt das Kind in der Erfahrung, dass das Reiben oder Streicheln der Geschlechtsorgane angenehm ist und dass man dieses angenehme Gefühl nutzen darf, aber ... Man kann darauf hinweisen, dass im Unterricht aufmerksam zugehört und mitgearbeitet werden soll und die anderen Kinder nicht abgelenkt werden dürfen.Deshalb solle man bitte auf so etwas „Privates" im Unterricht verzichten.

Mir hat es bei diesem Thema geholfen, die Situation mit der zu vergleichen, wenn es ums „Nasebohren" geht: Nasebohren macht den meisten Menschen Spaß. Deshalb tun es auch die meisten, aber sie tun es für sich allein, weil es in unserer Gesellschaft nicht üblich ist, in der Öffentlichkeit in der Nase zu bohren. Anderen Menschen ist es meist unangenehm, wenn sie so etwas mitbekommen. Dieser Vergleich, den man auch bei einem Unterrichtsgespräch benutzen kann, stößt meistens auf das Verständnis der Kinder.

In diesem Zusammenhang möchte ich auf ein Bilderbuch verweisen, das m. E. geeignet ist, in der Leseecke der Klasse bereitgestellt zu werden. Es handelt sich um das Buch „Nasebohren ist schön" von DANIELA KULOT- FRISCH.

Gelegenheitsunterricht

Solche spontan sich ergebende Szenen wie die oben geschilderten bedürfen im Unterricht oftmals einer Ergänzung, ohne dass deshalb unbedingt eine ganze Stunde beansprucht werden müsste. Es ergibt sich ein „Gelegenheitsunterricht" aus einer Fragestellung der Kinder oder einer Situation, die vom Lehrer nicht eingeplant war. Anlass zum Gelegenheitsunterricht könnte zum Beispiel auch das Auftauchen der BRAVO in einer 4. Klasse sein. Die Lehrperson nutzt einen Teil der Stunde, um mit den Kindern über das seit Generationen wirksame Vermarktungsprinzip der BRAVO zu reden. Da das Auftauchen der BRAVO grundsätzlich voraussehbar ist – es gibt kaum eine 4. Klasse, in der sie nicht irgendwann auftaucht –, kann die Lehrperson sozusagen „auf Abruf" auf die Situation vorbereitet sein, so dass der Gelegenheitsunterricht durchaus die Qualität einer gut geplanten Unterrichtssequenz haben kann.

Der Vorteil eines solchen Vorgehens besteht darin, dass das Thema von den Kindern ins Gespräch gebracht wird. Ähnlich kann man verfahren, wenn zum Beispiel eine Kollegin schwanger ist oder ein Kind bekommen hat (Thema „Schwangerschaft und Geburt"), wenn ein Pornoheft in der Klasse auftaucht (Thema „Pornografie"), wenn Liebesbriefchen in der Klasse geschrieben werden (Thema „Beziehung"), wenn ein Exhibitionist die Kinder erschreckt hat (Thema „Sexuelle Belästigung") und so weiter.

In einigen Richtlinien zur Sexualerziehung in der Grundschule wird auf diese Art des Gelegenheitsunterrichts großen Wert gelegt, weil man dabei am ehesten auf Fragen der Kinder eingehen und sich deren Problemhorizont anpassen kann. Selbstverständlich muss darauf geachtet werden, dass man sich dabei nicht durch einige „altkluge" Kinder zu Antworten hinreißen oder provozieren lässt, die die meisten Kinder in der Klasse nicht interessieren oder sie auf unangemessene Weise mit Erwachsenensexualität konfrontieren (vgl. S. 43 ff.).

Ein Beispiel anderer Art ist folgendes: Ein Junge, der bei Aufregung anfängt zu stottern, wird von anderen gehänselt. Sie imitieren sein Stottern. Die Lehrperson fragt den Gehänselten: „Möchtest du den anderen etwas sagen?" Der Junge antwortet: „Wieso, das macht mir doch gar nichts aus!" Und dabei stehen ihm die Tränen in den Augen. Bei einer entsprechenden Frage an die Akteure der Hänselei: „Wollt ihr ihm wehtun?", kommt dann vielleicht die Antwort: „Wieso, dem macht das doch gar nichts aus!" Hier könnte die Lehrperson entweder in einem Einzelgespräch mit dem Betroffenen oder – mit Einverständnis des Gehänselten – in einem Kreisgespräch über Gefühle und den Umgang mit Gefühlen sprechen. Auch hier sollte es sich eher um einen „geplanten" Gelegenheitsunterricht und nicht um eine echte Spontanaktion der Lehrperson handeln. Sie hat sicherlich schon früher bemerkt, dass der Stotterer gehänselt wird und nicht zu seinen Gefühlen steht und dass die anderen offenbar nicht merken, wie sehr er leidet. Auch wenn das Stottern in keinem Zusammenhang mit Sexualität steht – das Beispiel ist bewusst so gewählt: Das Umgehenlernen mit Gefühlen ist grundsätzlich wichtiger Bestandteil von Sexualerziehung. Jedes Lernangebot in diesem Bereich kann als relevant angesehen werden, insbesondere wenn der Beziehungsaspekt als wichtig angesehen wird (vgl. S. 28 ff. und S. 85 ff.).

Regulärer Unterricht

Auf das Fragen der Kinder allein oder auf zufällige Situationen darf man sich selbstverständlich heutzutage nicht mehr bei der Sexualerziehung verlassen (vgl. S. 10 ff. und S. 12 ff.), auch wenn dieser Form der Sexualerziehung in allen Richtlinien Priorität eingeräumt wird.

Die meisten Bundesländer sehen inzwischen auch für die Grundschule bereits einen *Themenkatalog* vor, der in den ersten vier Klassen abgehandelt werden soll. „Es ist sinnvoll, ... Sexualerziehung auch zeitlich zu planen und festzulegen", heißt es zum Beispiel in den Richtlinien des Saarlandes (S. 5). Auch wenn sich die Themenkataloge im Detail unterscheiden, besteht weitgehend Konsens bei den Themen „Gemeinsamkeiten und Unterschiede bei Jungen und Mädchen", „Elternschaft", „Familienleben", „Beziehungen", „Veränderungen in der Pubertät".

- Der *Sachunterricht* ist zweifellos der Unterricht, in dem Themen der Sexualerziehung am ehesten systematisch angesprochen werden können, aber es ist nicht der einzige.

- Im *Deutschunterricht* können Geschichten gelesen werden (zum Beispiel „Ben liebt Anna" von P. HÄRTLING oder die Warum-Geschichten von M. MAI). Ebenso hat die Erzählung „Bumfidel wünscht sich eine Puppe" von M. BERNHARD-VON LUTTITZ hier ihren Platz, auch wenn die weiterführende Besprechung durchaus Gegenstand des Sachunterrichts sein kann („Geschlechterrollen"). Übungen zum Thema „Männliche und weibliche Berufsbezeichnungen" und das Thema „Schimpfwörter" (vgl. S. 43 ff.) können ebenfalls im Deutschunterricht im Sinne der Sexualerziehung aufgegriffen werden.

- Der *Kunstunterricht* trägt seinen Teil zum Thema bei durch Collagen (zum Beispiel „Geburtsanzeigen", „Männer bei der Arbeit", „Frauen bei der Arbeit", „Kinder in aller Welt"), durch das Malen von Bildern („Ich und meine Freunde und Freundinnen", „So möchte ich einmal aussehen" und so weiter), durch das Gestalten von Geschenken für einen Menschen, den man mag, und anderes mehr.

- Für den *Musikunterricht* gibt es inzwischen zahlreiche Lieder, die man in der Sexualerziehung nutzen kann (zum Beispiel HOFFMANN 1996; vgl. S. 105). Dass man auch bei solchen Kinderliedern ein bisschen auf die „Botschaften" achten sollte, ist selbstverständlich. So erscheint mir zum Beispiel der Text eines kanadischen Kinderliedes, in der von GERHARD SCHÖNE mit einem Kinderchor beziehungsweise mit einem kleinen Mädchen gesungenen Version problematisch: „Gab ihr ein Küsschen" steigert sich bis Küsschen Nummer 10, und das kleine Mädchen kommentiert die Küsse von „Spür noch nichts dabei" bis zum genüsslichen „Schöne Knutscherei" und „Der war zum Verlieben". Als das Mädchen gehen will, singt der Mann trotzig: „Und ich küsse sie doch noch und noch" (SCHÖNE 1991) – und das alles in einer fröhlichen Mitsing- und Mitmachversion. Ich glaube, es gibt „Küsschen-Lieder", die nicht so viel Diskussionsbedarf auslösen.

● Der *Sportunterricht* mit seinen direkten Körperkontakten und den vielen körperbezogenen verbalen Interaktionen der Kinder bietet eine Fülle von Einwirkungsmöglichkeiten im Sinne der Sexualerziehung.

● Die spezifische Leistung des *Religionsunterricht* liegt in der Wertediskussion.

Die Möglichkeit des *Epochalunterrichts* sollte auch bei der Sexualerziehung genutzt werden.

8 Sprechen und Sprache

Sprache spielt bezüglich Sexualität und Sexualerziehung eine vielschichtige Rolle. Einerseits ist Sprache das wichtigste Medium der Sexualerziehung, weil sich nicht alles in Bildern ausdrücken lässt, was Kindern erklärt werden soll, andererseits ist das Sprechen über Sexualität zugleich *Weg und Ziel* von Sexualerziehung: Spätestens seit der Auseinandersetzung mit dem Thema AIDS wissen wir, dass das Sprechen über Sexualität oder von der eigenen Sexualität vielen Menschen Probleme macht. Beredsamkeit und Zerreden sind sicherlich keine erstrebenswerten Elemente von Sexualleben, aber Sprachlosigkeit auch nicht. Schweigen oder die falsche Wortwahl belastet viele Partnerschaften, zwingt Gefühle hinter stumme Fassaden, öffnet Missverständnissen Tür und Tor, verpatzt die Chance zur Klärung und zur Versöhnung. Schon die Frage nach der Verhütung bleibt oft ungestellt, weil er denkt, sie hätte ... und sie denkt, er würde ... Wie oft denkt er: „Sie würde doch etwas sagen, wenn sie das nicht mag, was ich mache" – bis sie wütend den Kontakt abbricht, weil sie ihn für grob hält. Und wie oft denkt sie, ohne etwas zu sagen: „Ich würde ja gerne mit ihm mehr machen, aber wenn er von sich aus nichts unternimmt, ..." – bis er sich von ihr abwendet, weil er glaubt, sie mache sich nichts aus ihm.

Auch auf anderer Ebene ist Sprachlosigkeit ein Hemmnis bei der Verwirklichung von sexueller Selbstbestimmung: Kinder, die nicht über ihre Gefühle sprechen können, werden leicht zum Opfer von sexuellen Übergriffen. Sie müssen „nein" sagen können, wenn es ihnen unangenehm wird – genauso wie sie „ja" sagen sollen, wenn sie etwas Schönes erleben –, und sie müssen mit einer Vertrauensperson über ihre Gefühle und Erlebnisse reden können, um sich Hilfe zu sichern.

Sprechen über Sexualität

Und wie lernt man, miteinander über Sexuelles zu reden? Nur durch Reden. Das heißt, miteinander sprechen ist eine wichtige Methode der Sexualerziehung. Das heißt auch: Lehrervortrag oder Stillarbeit sollten so oft wie möglich durch Partner- oder Gruppenarbeit (auch beim Stationenlernen) oder Kreisgespräche ersetzt werden. Dieses Prinzip sollte bei der Unterrichtsplanung und beim Einsatz von Medien (zum Beispiel Arbeitsmaterial) berücksichtigt werden. Auch Rollenspiele haben eine positive Auswirkung auf die Fähigkeit, in der Partnerschaft miteinander zu reden (vgl. S. 51 f.).

Natürlich spielt auch in diesem Punkt der Lehrer oder die Lehrerin eine zentrale Rolle als *Modell*. Spricht die Lehrperson Gefühle an, findet sie Worte für Spannungen und für Erfreuliches in der Klasse? Vermag sie zu bitten und zu danken, Betroffenheit zu artikulieren, sich gegen indiskrete Fragen zu ihrer Person zu wehren, sich auf Gefühle von Kindern ihr gegenüber einzulassen? Hat sie passende Worte für sexuelle Sachverhalte, die nicht peinlich, nicht lächerlich, nicht abgehoben, nicht abstoßend wirken? Kann sie auf Peinlichkeiten und sprachliche oder auch körperliche Übergriffe verbal reagieren? Hier müssten Defizite von Lehrpersonen durch Training (insbesondere in Selbsterfahrungsgruppen) behoben werden.

„Muschi" oder „Vagina"?

So gänzlich sprachlos sind Kinder bezüglich Sexualität natürlich nicht, aber sie haben ihre eigene Sprache. Da ist die Rede vom *Pfläumchen* oder vom *Pillermann*, vom *Vögeln* oder von *Titten*, manchmal aber auch von *Vagina* und *Penis* und manchmal auch von *Schwanz* und *Möse* oder vom *Arschficker*. Das sind Wörter, die entweder in ihrer Familie oder im Kindergarten üblich sind, oder es sind Wörter, die Kinder „irgendwo" aufgeschnappt haben, zum Beispiel beim Hineinhören in einen Sexfilm oder durch eine derbe oder schlüpfrige Bemerkung im direkten Umfeld oder beim Durchblättern einer Wochenzeitschrift (sofern sie das schon lesen können).

Wie soll man mit diesem Sprachproblem umgehen? Hier ein Vorschlag: Zu unterscheiden ist, ob Kinder Wörter mit sexueller Bedeutung in einem Sachzusammenhang benutzen, zum Beispiel wenn es um die Geschlechtsorgane im Unterricht geht, oder ob sie bestimmte Wörter als „Waffe" einsetzen, das heißt mit der Absicht zu provozieren oder gar zu kränken. Dabei ist es mitunter gar nicht so leicht, die wahre Funktion zu erkennen, weil Kinder oftmals „Signale" senden durch die provozierende Benutzung von Wörtern.

Taucht zum Beispiel erstmals oder mehrmals in der Klasse das lauthals geschriene Wort „schwule Sau" auf, so ist man gut beraten, zuerst einmal im Einzelgespräch herauszufinden, woher das Wort stammt und warum das Kind es benutzt hat. Möglicherweise kommt zu Tage, dass das Kind dieses Wort bei einem älteren Bruder aufgeschnappt hat und nun neugierig ist zu erfahren, was es bedeutet. Die Klasse ist der geeignete Rahmen, um das Wort zu „testen". Vielleicht ist das Thema dann damit erledigt, wenn die Lehrperson auf einfache Weise erklärt, dass es homosexuelle Menschen gibt, die – weil sie in der Minderheit sind – manchmal von anderen lächerlich gemacht oder sogar beschimpft werden. „Schwule Sau" ist so ein Schimpfwort. Das zu benutzen ist genauso dumm und gemein wie etwa das Wort „Körnerfresser", mit dem man Menschen verunglimpft, die kein Fleisch essen.

Vielleicht kann man so einen Vorfall zum Anlass nehmen, eine Stunde zum Thema „Schimpf- und Spitznamen" zu planen, bei der herauskommen könnte, dass eigentlich jeder irgendein Merkmal hat, in dem er sich von der Mehrheit unterscheidet. Und jeder ist froh, wenn er deswegen keinen Spitz- oder Schimpfnamen bekommt (Brillenschlange, Rotfuchs und so weiter).

Schwieriger ist es, wenn Schimpfwörter auftauchen, deren Bedeutung man Kindern in der Grundschule nicht so gern erklärt, so zum Beispiel „Hurensohn" oder „Arschficker". Hier könnte man – wenn man das erklärende Einzelgespräch scheut – darauf hinwirken, dass grundsätzlich möglichst wenig „böse" (= bös gemeinte) Wörter gegeneinander verwendet werden, unabhängig davon, ob es sich um solche mit oder ohne sexuellen Hintergrund handelt.

Wenn man von der ersten Klasse an als „Spielregel" einführt, dass man Schimpfwörter vermeiden will, so bedarf es nur der Klärung, ob „Hurensohn" zu den „bösen" Wörtern gehört oder nicht. Wenn es von dem, der es benutzt hat, als Schimpfwort eingesetzt worden ist, dann kann man – im Rahmen der grundsätzlichen Spielregel – bitten, den Konflikt anders auszutragen als durch Beschimpfung. Das gilt im gleichen Maße für ein Schimpfwort wie „Blödmann" oder „Fettsau" oder „Trampel" oder „Heulsuse".

Wie geht man aber mit den vielen, vielen Wörtern um, die die Kinder im Kopf haben zu den Geschlechtsorganen und deren Funktionen und die sie ungeniert benutzen, sobald das Thema im Unterricht angesprochen wird?

Als Grundregel gilt: Es gibt keine „falschen" Wörter. Schwanz, Pillermann, Piephahn, Penis, Glied und so weiter sind alles richtige Benennungen für das männliche Geschlechtsorgan, aber worauf einigen wir uns im Unterricht? Dazu ein kleiner Umweg:

An einer Puppe mit Geschlechtsorganen (s. S. 68) wird die Rückseite gezeigt und gefragt, wie der Ausgang vom Darm hinten zwischen den Pobacken heißt. Die Kinder werden sagen „Poloch" oder – das passiert in aller Regel – „Arschloch". Die Lehrperson bestätigt, dass das Namen für das gemeinte Körperteil sind. Dann erzählt sie: „Stell dir vor, du hast Durchfall gehabt und dich sehr oft abputzen müssen. Jetzt tut die Stelle, die du abgeputzt hast, weh und du gehst mit der Mutter zum Arzt. Der fragt: ‚Na, wo tut es denn weh?' Was antwortest du?" Die Diskussion um die passende Antwort ist in der Klasse rasch beendet. Die Kinder selbst empfinden das Wort „Arschloch" als unpassend. Beim Arzt sagt man „Poloch" oder – und das wird von der Lehrperson vorgegeben – „After". Die Lehrperson erklärt, dass sie im Unterricht nur die Wörter beibringen und benutzen will, die man überall benutzen kann und die überall in Deutschland verstanden werden – dabei nennt sie als Beispiel vielleicht einen nur regional gebräuchlichen Ausdruck für ein Geschlechtsorgan, etwa „Funz" (= Spalte, äußerer Geschlechtsbereich der Frau, Scheide), den nur Menschen in Teilen des Rheinlandes, nicht aber in anderen Teilen Deutschlands verstehen würden.

Im Sachkundeunterricht ist es auch angebracht, bei Wörtern wie „Eier" (für Hoden) und „Schwanz" (für Penis) darauf hinzuweisen, dass diese Ausdrücke eigentlich auf andere Körperteile anzuwenden sind, die es beim Menschen (Schwanz) beziehungsweise beim Mann (Eier) gar nicht gibt.

Nach diesem Exkurs ist den Kindern klar, dass es sich mit Wörtern ähnlich verhält wie mit Kleidern: Sie müssen zur Situation passen. Sie müssen für den, mit dem man redet, verständlich sein, und sie sollten auf keinen Fall andere Menschen, die beteiligt sind, ärgern. Wird nun im Folgenden von Kindern ein anderes als das „offizielle" Wort für einen sexuellen Sachverhalt benutzt, so kann die Lehrperson dies gelassen hinnehmen und dann trotzdem das „offizielle" Vokabular verwenden.

Zweifellos kann es nicht gut sein, wenn man aus falsch verstandener „Schülernähe" umgangssprachliche oder vulgäre Ausdrücke schriftlich oder mündlich verwendet und dadurch den Eindruck erweckt, man bringe den Kindern diese Wörter bei. Man würde die Kinder damit auf einer Sprachebene fixieren, die ihnen nichts nutzt. Kinder sollen im außerschulischen Leben die Wahl haben, welches Vokabular sie in welcher Situation einsetzen.

9 Medieneinsatz – worauf man achten sollte

Grundsätzlich ist zu unterscheiden zwischen Bildern und Texten zur Sexualerziehung, die man in genehmigten Sachkundebüchern findet, und solchen, die keiner Genehmigungspflicht durch die Kultusbehörden unterliegen und deshalb nach eigenem Ermessen und in Absprache mit den Eltern benutzt werden können. Zu Letzteren gehören unter anderem alle „Aufklärungsbücher" (und „Aufklärungsfilme"), die sich primär an die Kinder selbst und nicht an den Lehrer wenden. Solche Bücher werden gern zum „Selbststudium" der Kinder in die Bücherecke der Klasse gestellt (s. Aufklärungsbücher, S. 109).

Zu den Medien, die nicht dem Genehmigungsverfahren durch die Kultusministerien unterliegen, gehören auch die Unterrichtsmaterialien des Cornelsen-Verlages (ETSCHENBERG 1996a und b) und die aus dem Klett-Verlag (WINDISCH 1995). Stellvertretend für andere ähnliche Äußerungen sei hier auf den Wortlaut der Richtlinien für Baden-Württemberg verwiesen: „Bei der Verwendung von Lernmitteln, für die eine Zulassung nicht erforderlich ist, ist der Lehrer zu besonders sorgfältiger Auswahl in analoger Anwendung der Richtlinien für die Zulassung von Schulbüchern in der jeweils geltenden Fassung verpflichtet. Für verwendete Lehrmittel gilt dies entsprechend."

In den Richtlinien für Bayern (1980) findet man den Grundsatz: „Stimulation wie auch Verängstigung durch unangemessene Schilderung oder Bilddemonstrationen sind zu unterlassen." Im Folgenden möchte ich einige Gesichtspunkte nennen, auf die man aus meiner Sicht darüber hinaus beim Einsatz von Medien achten sollte:

1. Sind Texte und Bilder dem Alter und der Lese- und Wahrnehmungsfähigkeit der Kinder angemessen?
2. Sind Texte und Bilder sachlich richtig? (vgl. S. 50)
3. Ist das Medium von der Aufmachung her insgesamt freundlich und kindgemäß?
4. Gibt es abschreckende oder Angst auslösende Bilder? (vgl. S. 49)
5. Ist die Sichtweise von Sexualität, die dargestellt wird, in Einklang zu bringen mit dem Elternwillen und den Zielen der Richtlinien zur Sexualerziehung? (vgl. S. 25 ff.)
6. Wird Sexualität einseitig „biologistisch" oder mehrperspektivisch dargestellt (Gefühle, Beziehungen, Rollen)? (vgl. S. 85 ff. und S. 93 ff.)
7. Wird die Welt einseitig „genormt" dargestellt (zum Beispiel bezüglich des Familienlebens) oder können sich die Kinder mit ihren vielfältigen Erfahrungen darin wieder finden? (vgl. S. 80 ff.)

8. Werden normative Aussagen gemacht (zum Beispiel bezüglich Selbstbe-friedigung), die dem Kind eventuell als Abwertung seiner eigenen Verhal-tensweisen erscheinen müssen, zu der es aus sachlichen und pädagogi-schen Gründen keine Veranlassung gibt? (vgl. S. 48)
9. Werden die Kinder zu einem bestimmten Sexualverhalten animiert? (vgl. S. 47 f.)
10. Was lernen die Kinder zum Stichwort „Rollenverhalten" von Mann und Frau? (vgl. S. 93 ff.)
11. Werden kindgerechte Ausblicke auf kommende Entwicklungsstufen (vor allem Pubertät) gegeben? (vgl. S. 73 f.)
12. Kommt das Thema „Hetero- und Homosexualität" vor? (vgl. S. 96 f.)
13. Wie wird das Thema „Gewalt und Missbrauch" angesprochen? (vgl. S. 87 ff.)
14. Wird das Thema „Infektions- und Empfängnisschutz" angesprochen? (vgl. S. 70 und 71 f.)

Drei Aspekte möchte ich hier besonders ansprechen.

Aufklärung oder Anmache?

Seit vielen Jahren heftig diskutiert ist die Frage, ob man nackte Körper in Realaufnahmen oder in Zeichnungen darstellen soll. Selbstverständlich darf es nicht als Ausdruck von „Verklemmtheit" und Weltfremdheit dazu kommen, dass Kindern – heutzutage! – beim Aufklärungsunterricht Nacktaufnahmen „verweigert" werden.

Aber: Vor dem Hintergrund der Vermarktungswelle von Nacktaufnahmen kindlicher Körper (unter anderem im Internet) sollte man eine Güterabwä-gung vornehmen. Jede Fotografie birgt für den Betrachter zwei Botschaften. Die eine betrifft den Inhalt der Aufnahme, die andere hängt mit den Umstän-den zusammen, unter denen die Aufnahme entstanden ist (das Setting). Beides muss auch bei Kindern, die sich eine Fotografie von nackten Kindern ansehen, als „Lernangebot" bedacht werden. Ein nacktes Kind auf einer Fotografie veranschaulicht zum einen, wie ein nacktes Kind aussieht – das ist der problemlose Teil des „Lernangebotes" – , zum anderen dokumentiert es aber auch, dass man sich als Kind nackt fotografieren lassen und dass das Bild fremden Menschen zur Verfügung gestellt werden kann – und das ist der problematische Teil des „Lernangebotes" (vgl. ETSCHENBERG 1995b).

Wenn man einerseits Kinder dazu ermutigen will, „nein" zu sagen zum Ansinnen Erwachsener, sie nackt zu fotografieren und zu vermarkten, dann kann man andererseits nicht selbst mit den Bildern nackter Kinder Unterricht machen. Dass es von der Bildaussage und vom Setting her grundsätzliche Unterschiede gibt zwischen Bildmaterial für den Unterricht oder fürs Internet, ist selbstverständlich – schließlich gibt es völlig harmlose situative Zusammenhänge, aus denen heraus ein Kind zum Beispiel am Strand oder zu Hause nackt fotografiert wird. Ich wüsste aber nicht, wie man diese Unterschiede Kindern erklären könnte. Die komplizierte Antwort auf die Frage „Darf man sich denn so fotografieren lassen?", die von Kindern oft spontan gestellt wird, wenn sie das Foto eines unbekleideten Kindes sehen, kann sich die Lehrperson ersparen, wenn sie mit Zeichnungen arbeitet.

Heikel wird es auch, wenn in Aufklärungsbüchern für Kinder Abbildungen (als Fotografien oder Zeichnungen) erscheinen, die Kinder bei sexuellen Handlungen zeigen (zum Beispiel bei der Selbstbefriedigung und bei Doktorspielen, vgl. SIELERT/HERRATH 1991, o. S.). Dabei sind die sexuellen Handlungen an sich unproblematisch und Erwachsene sollten Kinder in diesem Punkt gewähren lassen. Problematisch ist es, wenn sexuelle Handlungen durch das Bildmaterial als „selbstverständlich" dargestellt werden und den Kindern dadurch Normvorstellungen aufgedrängt werden. Wie erfährt ein Kind, das sich nicht selbst befriedigt, dass es genauso „normal" ist wie das abgebildete Kind?

Im Gespräch mit Kindern kann man Selbstbefriedigung oder Doktorspiele viel differenzierter beziehungsweise situationsangepasster behandeln, als dies über konkrete bildliche Darstellungen möglich ist. Dabei macht es auch noch einen Unterschied, ob sexuelle „Spielereien" nur zu erahnen sind, weil das abgebildete Kind sich gegen die Blicke anderer zum Beispiel durch einen Schirm zu schützen versucht (s. SCHNEIDER/BIEGER 1995, S. 17), oder ob das Kind „ungeschützt" den Blicken des Betrachters ausgesetzt wird.

Somit erscheint es mir ein guter Grundsatz für die schulische Sexualaufklärung zu sein, in letztgenanntem Punkt ganz auf bildliche Darstellungen zu verzichten und kindliches Sexualverhalten nur durch akzeptierendes darüber Sprechen in die Aufklärung einzubeziehen.

Bei Darstellungen von kindlichem Sexualverhalten sollte man noch mehr als bei Nacktaufnahmen von Kindern einkalkulieren, dass es Erwachsene gibt, die diese Aufnahmen dazu nutzen können, Kinder zu solchen Handlungen und Aufnahmen zu animieren nach dem Motto: „Stell dich nicht so an – das Kind in diesem Buch macht das doch auch und lässt dabei jemanden zuschauen/fotografieren!" (vgl. S. 87 ff.)

Unser Bemühen, Kindern das „Neinsagen" beizubringen, damit sie sich gegen Zumutungen von Erwachsenen wehren können, wird möglicherweise durch „Aufklärungsmaterial" unterlaufen, das – unter anderen Vorzeichen, für Kinder aber nicht differenzierbar – genau das Verhalten bei Kindern fördert, das Pädosexuelle, „Missbraucher" oder Porno-Hersteller sich wünschen. Diese Auswirkung wird nicht von allen Sexualpädagoginnen gesehen beziehungsweise als Gefahr eingeschätzt, sonst gäbe es solche Abbildungen in sexualpädagogischen Materialien sicherlich nicht. Auch würde – so glaube ich – der Einsatz solcher Materialien in einem so einfühlsamen Erfahrungsbericht wie dem von DAGMAR WEHR (1992) kritischer kommentiert werden. Die Lehrerin sollte sich zu diesem Punkt ein eigenes Urteil bilden unter Berücksichtigung der Argumente beider Seiten.

Angst und Ekel

Behutsamkeit ist auch bei der Auswahl von Medien zum Thema Geburt angesagt. Realaufnahmen einer Geburt aus der Perspektive des Arztes oder der Hebamme können Kinder erschrecken. Natürlich sollen sie wissen, wie das Kind den Körper der Mutter verlässt, aber sie müssen dazu nicht die verzerrten und eventuell auch blutigen Geschlechtsorgane der Frau sehen. Hier genügt eine Zeichnung. Für eine Realaufnahme vom neugeborenen Kind kann man die Perspektive der Mutter wählen, die über ihren Körper hinweg das Kind erblickt. Diesen Anblick werden später Mädchen (und eventuell auch Jungen) tatsächlich bei der Geburt haben.

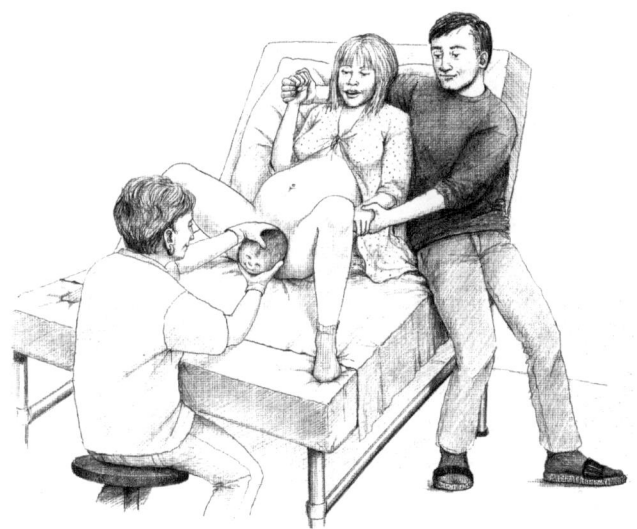

Abbildung 8

Von solchen Überlegungen gehen offenbar heute die meisten Medienmacher für die Sexualerziehung in der Grundschule aus, so dass man aus gutem Grund fast ausschließlich gezeichnete Materialien und Zeichentrickfilme zum Thema Geburt angeboten bekommt.

Ähnliche Überlegungen sollte man auch bei der Darstellung von erwachsenen Genitalien gelten lassen: Sowohl Jungen als auch Mädchen können entsprechende Abbildungen erschreckend und abstoßend finden, weil sie die

Größenverhältnisse nicht richtig einschätzen können. Bei Jungen lösen große Penisse Minderwertigkeitsgefühle, bei Mädchen Ängste aus. Darauf sollte man zum Beispiel achten, wenn man – was im Prinzip durchaus vertretbar und erwünscht ist – Kondome demonstriert. Die von der Kondomindustrie bereitgestellten hölzernen Penisse sind für Demonstrationen vor Kindern wegen ihrer Größe ungeeignet. Bei Kindern genügt die Demonstration an zwei Fingern einer Hand der Lehrperson.

Sachliche Richtigkeit

Besondere Beachtung beim Einsatz von Medien verdient auch die Frage nach der sachlichen Richtigkeit. Für die Sexualaufklärung gilt der gleiche Grundsatz wie für andere Themen des Sachunterrichts auch: Es muss kindgerecht vereinfacht werden, aber es darf nichts Falsches vermittelt werden. Falsch ist es zum Beispiel, den äußeren Geschlechtsbereich des Mädchens als Scheide zu bezeichnen – ein Fehler, der aus unerklärlichem Grunde in der Mehrzahl der Medien für Kinder auftaucht (vgl. SIELERT/HERRATH 1991, o. S.; MILHOFFER 1993, S. 58; MAYLE o. J.).

Die Scheide ist ein innen liegendes Organ, das man weder sehen noch von außen beschriften kann. Der äußere Geschlechtsbereich des Mädchens heißt Spalte. Das ist zwar kein besonders schöner Name, aber schlimmer als Scheide oder Glied ist er auch nicht. Diese Spalte wird von den Schamlippen gebildet (die ihre Entsprechung im Hodensack des Jungen haben). Zwischen den Schamlippen liegt der Eingang zur Scheide. Wenn Spalte und Scheide nicht klar voneinander unterschieden werden, kommt es zu völlig abwegigen Vorstellungen zum Thema „Intim- und Monatshygiene" und „Geschlechtsverkehr". Wenn zum Beispiel (korrekt) gesagt wird, dass ein Tampon in die Scheide eingeführt wird und die Kinder diese Benennung fälschlicherweise der Spalte zuordnen, weil sie es so gelernt haben, dann ist das unsinnig. Ebenso unsinnig ist die Aussage, dass beim Geschlechtsverkehr das Glied in die Scheide eingeführt wird, wenn Scheide mit Spalte verwechselt wird.

Nicht ganz so gravierend, aber immerhin Anlass für Fehlinterpretationen seitens der Kinder ist die Bezeichnung „Samenbläschen" (vgl. MÜLLER/GEISLER 1993, S. 19). Gemeint sind die in die Samenleiter des Mannes einmündenden „vesicula seminalis", die auf Deutsch „Samenblase" oder „Bläschendrüse" genannt werden können. Wenn man sich entscheidet, Geschlechtsorgane bis in diese Details Kindern beizubringen und es verschiedene Benennungen gibt, dann sollte man diejenige Benennung wählen, die der Funktion am ehesten entspricht – und das ist in diesem Fall „Bläschendrüse". Die andere Benennung legt die Vermutung nahe, die Drüse habe irgendetwas mit den Samenzellen zu tun (zum Beispiel als Speicherorgan), und das ist falsch.

10 Methoden und Arbeitsformen

Das *Wie* spielt in der Sexualerziehung mit Sicherheit eine fast so große Rolle wie das *Was*. Die Wahl der Methode beziehungsweise der Arbeitsform hängt mit den Akzentsetzungen bei den Zielen zusammen. Wer vor allem über Sexualität aufklären will, wählt andere Methoden als derjenige, der Kindern vorrangig helfen will, mit ihren Gefühlen (auch sexuellen) umzugehen. Aus der Vielschichtigkeit der Ziele, die in der Sexualerziehung zu vertreten sind, ergibt sich, dass es keinen methodischen Königsweg gibt, sondern diesbezüglich ein Sowohl-als-Auch angesagt ist.

Wenn Kinder Sachfragen haben, dann brauchen sie eine Methode, die sie „in der Sache" weiterbringt, also das informierende Gespräch, die Beschäftigung mit einer veranschaulichenden Illustration. Wenn sie demgegenüber darin geübt werden sollen, ihre Gefühle und Bedürfnisse in einer Beziehung zu artikulieren oder die Gefühle und Bedürfnisse eines anderen wahrzunehmen, dann brauchen sie keine „Aufklärung", sondern Interaktions- oder Rollenspiele.

Gespräche und Spiele zum Thema Sexualität

Das Gespräch ist die Methode, die in den meisten Richtlinien der Bundesländer besonders hervorgehoben wird. Gemeint ist dabei sowohl das Gespräch zwischen der Lehrperson und den Kindern als auch zwischen den Kindern. Kommunikationsfähigkeit und -bereitschaft sind nach wie vor trotz des vielen öffentlichen „Geredes" über Sexualität vorrangige Ziele der Sexualerziehung.

Nach Jahrhunderten der Tabuisierung dauert es anscheinend Generationen, bis Menschen gelernt haben, miteinander über Sexualität, über Gefühle und Bedürfnisse wirklich zu sprechen – ohne sie geschwätzig, schwülstig oder zotig zu zerreden.

Am konsequentesten wird das Gespräch gefördert, wenn man den Unterricht grundsätzlich so organisiert, dass die Themen praktisch nur interaktiv erarbeitet und nicht rezeptiv von den Kindern verarbeitet werden können. Eine durchgehende Umsetzung dieses Prinzips wird zum Beispiel in dem Material „Du und ich – wir beide" (Etschenberg 1996a und b) nahe gelegt: Das Material liegt in Form von Einzelkarten vor und soll grundsätzlich in Partnerarbeit bearbeitet werden.

Unverzichtbar sind auch Rollenspiele, in denen die Kinder Situationen nachstellen oder simulieren, (alternative) Handlungsmöglichkeiten ausprobieren und zur Diskussion stellen. Beispiele: „Laura hängt ein Schild an die Tür ‚Bitte erst anklopfen'. Ihr Vater wünscht eine Erklärung" (s. Abbildung S: 83) oder „Paul ärgert Laura". Oft ist ein Konflikt Ausgangspunkt eines Rollenspiels. Die Kinder bekommen Gelegenheit, Lösungen miteinander zu entdecken beziehungsweise sich Mechanismen bewusst zu machen, durch die Konflikte verschärft werden. Das

Abbildung 9

Lass das!

Problem geschlechtstypischer Rollenverteilung und -zuweisung kann mit Hilfe von Rollenspielen effektiv angesprochen werden. („Petra soll in der Küche helfen, ihr Bruder Sven drückt sich vor der Weiberarbeit.")

Spaß machen natürlich auch Rollenspiele, die – zumindest vordergründig – nichts mit einem Konflikt zu tun haben, zum Beispiel „Ich organisiere meine Geburtstagsfeier" oder „Der Familienausflug" – hier kann ein Kind sogar zum Spaß den Hund oder das Kleinkind im Kinderwagen spielen. Auch an solchen Spielen können Kinder einiges lernen oder sich bewusst machen.

Sind Kinder erst einmal an das Rollenspiel als Arbeitsform gewöhnt, kann man es außer in geplanten Unterrichtsabschnitten auch spontan immer dann einsetzen, wenn eine angesprochene Situation zum Weiterdenken anregt, zum Beispiel die mehrfach erwähnte Situation, in der ein Mädchen auf dem Schulhof dadurch geärgert wird, dass Jungen den Rock hochwerfen.

Von besonderer Bedeutung sind in der Sexualerziehung Spiele, bei denen Gefühle und diesbezügliche verbale oder nonverbale Interaktionen im Vordergrund stehen (vgl. Spielanleitung S. 102). Es gibt auch zahlreiche Kinderlieder, die in diesem Sinne genutzt werden können (vgl. S. 40 und S. 105).

Im Mittelpunkt: die eigene Sexualität?

Einen differenzierten Überblick über Methoden und Arbeitsformen der Sexualerziehung geben die Richtlinien aus Hamburg (1996, S. 14 ff.): Unterrichtsgespräche, Brainstorming und Assoziationen, Arbeit mit Fotos und anderem Bildmaterial, Fragebogen, Interview, Körperwahrnehmung und szenisches Spiel, Videoproduktionen, kreatives Schreiben, Fantasiereisen, bildhaftes Gestalten, Bewegungsübungen, Musikmeditation.

Mit einigen dieser Begriffe sind Arbeitsformen gemeint, die erst in jüngster Zeit Eingang in die Schule beziehungsweise vor allem in die schulische Sexualerziehung gefunden haben. Es sind Arbeitsformen, die ursprünglich in Selbsterfahrungsgruppen, therapeutischen Zusammenhängen und seit geraumer Zeit auch in der außerschulischen Jugendarbeit genutzt werden. Die Nutzungsmöglichkeiten für die Schule sind m. E. noch nicht zu Ende gedacht. Dazu fehlen Erfahrungen und Reaktionen der Elternhäuser, aber auch der Kinder selbst. Das Erinnern an die eigene sexuelle Biografie, das Assoziieren von Erlebnissen, Wünschen und Gefühlen (im Kontext mit Sexualität), Fantasiereisen zum Thema Sexualität und so weiter schaffen einen sehr persönlichen Zugang zur Sexualität der Beteiligten: Sie sollen nicht über Sexualität an sich oder die Sexualität anderer reden, sondern von ihrer eigenen Sexualität. Das stellt höchste Ansprüche an die Methodenkompetenz und die Interventionsfähigkeit von Lehrkräften.

Mir erscheinen diese Methoden und Arbeitsformen nicht ganz unproblematisch. Was soll die Lehrperson machen, wenn ein Kind zum Beispiel vertrauensvoll und ehrlich, wie es zu so einer Übung gehört, Intimes von sich und seinem Elternhaus ausplaudert („Ich habe mich erschrocken, als ich meine Eltern dabei sah." oder „Mein Bruder wird so komisch, wenn er Pornofilme guckt. Das macht mir Angst.") oder es etwas von sich preisgibt, was es in den Augen anderer Kinder lächerlich macht („Ich habe geglaubt, meine Mutter macht noch in die Hose, als ich die Binden sah.") oder was anderen Kindern (insbesondere aus anderen Kulturkreisen) peinlich ist („Ich rubbel immer an mir rum, wenn ich im Badewasser liege.").

Man kann entgegenhalten, da müsse die Lehrperson eben taktvoll reagieren, schließlich kämen solche Äußerungen der Kinder auch vor, wenn man sie nicht ausdrücklich dazu auffordert. Die Verpflichtung, überhaupt und dazu noch *professionell* zu reagieren, wächst aber mit der Intentionalität, mit der solche „Intimitäten" im Unterricht provoziert werden – und wer hat die Lehrpersonen für solche Interventionen ausgebildet? Und wer gibt ihnen das Recht, Dinge, die sich im Elternhaus abspielen, öffentlich zu machen?

Selbstverständlich sollen Kinder ihre eigenen Erfahrungen einbringen *können*, wenn über Geschlechtlichkeit, Rollen, Beziehungen, Familien und so weiter gesprochen wird, aber sie sollten – so meine ich – dazu nicht ausdrücklich aufgefordert werden, wie es bei manchen der ich-nahen Arbeitsformen vorgesehen ist. Selbst wenn immer wieder betont wird, dass Kinder bei solchen Übungen, zum Beispiel beim Ausfüllen eines Fragebogens, nur freiwillig mitzumachen brauchen, erspart man ihnen auf keinen Fall, sich gegebenenfalls vor der Gruppe als jemand zu „outen", der nicht bereit ist, etwas von sich beziehungsweise aus der Familie preiszugeben. Im Übrigen können Kinder – anders als Jugendliche oder gar Erwachsene – oft gar nicht abschätzen, worauf sie sich eigentlich einlassen, und können auch nicht ahnen, welches Nachspiel manche Mitteilungen oder Bekenntnisse in der Klasse bei den Eltern im Schulbezirk haben werden.

Hier liegt m. E. die volle Verantwortung bei der Lehrperson, bei der an sich wünschenswerten Bearbeitung von Erfahrungen oder von Fantasien der Kinder Methoden einzusetzen, die ihre Intimssphäre schützen. Das verlangen im Übrigen auch die Richtlinien aus Hamburg, wobei offen bleibt, wo die Grenzen zu ziehen sind und wie sie bei einigen der genannten Arbeitsformen überhaupt beachtet werden können.

Ähnliche Probleme können bei einer Aufgabe, wie der folgenden, auftreten (die ich in einer 2. Klasse miterlebt habe):

Anweisung: Malt gemeinsam einen Körperumriss auf eine Tapetenrolle. Jeder legt seine Hand auf eine Stelle des gemalten Körpers, an der er angenehme Gefühle erlebt. „Gut erzogene" Kinder wählen dann Stellen wie den Mund („Da schmeckt es gut.") oder die Hand („Damit kann ich die Katze streicheln.") oder den Bauch („Da fühle ich mich satt an.") und so weiter Die Geschlechtsorgane werden ausgespart. Damit ist aber die heimliche „Botschaft" verbunden, dass es da keine angenehmen Gefühle gibt oder nur solche, über die man nicht spricht, was sicherlich nicht im Sinne einer zeitgemäßen Sexualerziehung ist. Weniger „gut erzogene", ehrliche Kinder legen ihre Hand auch auf die Geschlechtsorgane mit der Begründung „Da kribbelt es so schön, wenn ich da streichele." oder Ähnliches.

Es gibt sicherlich Klassen, in denen diese Mitteilung genauso gelassen und interessiert zur Kenntnis genommen wird wie die anderen Aussagen. Eine freundliche Bestätigung der Lehrperson würde der mitgeteilten Erfahrung den Stellenwert geben, der ihr zukommt: Da seht ihr, wie viele schöne Gefühle uns unser Körper bescheren kann.

Peinlich wird es aber, wenn die Lehrperson eine solche „intime" Mitteilung nicht einkalkuliert hat (wie in dem von mir miterlebten Fall), die Klasse irgendwie überzogen reagiert und die Lehrperson nicht weiß, wie sie mit der Situation umgehen soll. Dann wird es schwierig. Weder ist jetzt eine lange Diskussion über Selbstbefriedigung angebracht, in der sich möglicherweise das Kind mit seiner Mitteilung plötzlich in den Mittelpunkt gezerrt fühlt, noch sollte das Ganze in einer äußerst repressiven Aktion enden, wie: „Wenn ihr nur Unfug im Kopf habt, dann setzt euch auf eure Plätze und wir machen etwas anderes."

Alternativ zu solchen Unterrichtsmethoden, in denen die Sexualität der anwesenden Kinder geplant und direkt thematisiert wird, bietet es sich an, Materialien im Unterricht einzusetzen und darüber die Kinder ins Gespräch miteinander zu bringen, die ein Thema oder Problem zuerst einmal nach außen verlagern, also auf ein anderes Kind, von dem die Klasse ein Bild sieht oder eine Geschichte hört (vgl. Abbildung 10). Wenn so eine vorgestellte Situation

Abbildung 10

an der kindlichen Erfahrungswelt anknüpft, ergibt sich praktisch immer, dass Kinder auch Dinge aus ihrem eigenen Erleben ansprechen, z. T. jedoch „getarnt" als Projektion („Vielleicht hofft der Junge, ..." oder „Der hat sich bestimmt verliebt ..." oder „Das Kind hat vielleicht Angst vor ...", vgl. Abbildung 23, S. 84). Die Lehrperson sollte grundsätzlich damit rechnen, dass bei solchen Gesprächs-, Diskussions- oder Spielbeiträgen Kinder (auch beziehungsweise unter anderem) von sich selbst erzählen oder sich selbst spielen, das heißt: Sie muss auf jeden Fall behutsam damit umgehen, eventuell nachfragen („Ich habe noch nicht verstanden, was du damit meinst.") oder sich vornehmen, das Kind nach der Stunde nochmals ohne Zeugen auf das Thema anzusprechen.

Im Gegensatz zu Gepflogenheiten in therapeutischen Gruppen sollte es meines Erachtens Kindern in der Klasse prinzipiell zugestanden werden, bei Themen aus dem Intimbereich nicht unbedingt in der Ich-Form zu sprechen, auch wenn die Lehrperson den Eindruck hat, dass das Kind eigentlich von sich selbst erzählt. Diesen Übergang kann man im Einzelgespräch anregen.

Ähnlich reflektiert sollte die Lehrerin mit dem Vorschlag umgehen, der sexualerzieherische Unterricht solle den Kindern „positive Körpererfahrungen ermöglichen" (vgl. Hamburger Richtlinien, S. 17). Darunter kann man vielerlei verstehen: Das Spiel „Lasst mich rein/lasst mich raus" (sich körperlich gegen einen geschlossenen Kreis durchsetzen) oder „Gordischer Knoten" (ein Verwirrspiel mit Armen und Beinen, das nur durch Koordination der Mitspielenden ein gutes Ende finden kann) oder „Pizza backen" (Kneten und Reiben des

Rückens, als sei er ein Pizzateig; vgl. KEINSCHMIDT u. a. 1994, S. 94), oder aber auch eines der Spiele, die Kinder eventuell aus dem Kindergarten kennen, wie zum Beispiel „Was streichelt mich da?" (a.a.O., S. 98) oder „Lieben, kuscheln, schmusen" (a.a.O., S. 95). Letztgenannte Spiele sind solche, bei denen die Kinder sich ohne „Rollen"zuweisung gegenseitig streicheln sollen. Leider wird in den Hamburger Richtlinien nicht gesagt, nach welchen Kriterien „Kontaktspiele" zur Vermittlung von Körpererfahrungen in der Schule ausgewählt werden sollen. Eine solche Orientierungshilfe wäre gut, um Lehrerinnen Sicherheit zu geben und Eltern vor Überraschungen zu schützen. Schließlich macht es einen Unterschied, ob Kinder im Sinne eines „Rollen"spiels Körperkontakt miteinander aufnehmen oder direkt zum Schmusen miteinander aufgefordert werden.

Eine Frage sollte in diesem Zusammenhang erlaubt sein: Passen solche Spiele überhaupt in den Kontext einer „Zwangsgemeinschaft", wie sie eine Schulklasse darstellt? Es wäre natürlich wunderbar, wenn Menschen in allen Lebenszusammenhängen vertrauensvoll und in gewissem Sinne zärtlich miteinander umgehen würden, aber ist es realistisch, in der Schule von Bedingungen auszugehen, die einen solchen Umgang ohne belastende Nebeneffekte ermöglichen?

Letztendlich geht es um die Definition der Grenze zwischen Methoden und Arbeitsformen, die unbedingt zu einer sexualfreundlichen Sexualerziehung – in der Schule – gehören, und solchen Methoden, die möglicherweise Kinder bedrängen und überfordern können oder die Atmosphäre in der Klasse gezielt „erotisieren/sexualisieren". Dabei ist mir bewusst, dass es Pädagoginnen gibt, die letzteren Effekt begrüßen und anstreben, weil sie das für (sexual)pädagogisch wertvoll halten.

Ich persönlich plädiere in diesem Punkt für etwas Zurückhaltung: Man sollte nicht vergessen, dass es auch Erwachsene gibt, die das Thema Sexualität in der Arbeit mit Kindern dazu „missbrauchen" können, persönlich einen psycho-sexuellen Profit daraus zu ziehen, wenn sie Kinder bewusst „in Stimmung bringen".

Nach meiner Einschätzung ist dieser Aspekt schulischer Sexualerziehung noch nicht ausdiskutiert.

Koedukation

Die Euphorie vergangener Jahre bezüglich Koedukation ist verflogen (vgl. unter anderem FAULSTICH-WIELAND 1991). Ursprünglich hatten alle Verantwortlichen gehofft, die Koedukation würde Ungleichheit und Chancendifferenzen bei Jungen und Mädchen abbauen. Gleiche Erziehung und gleiche

Bildungsangebote sollten endgültig die Gleichstellung von Mann und Frau bewirken.

Irgendwie hat es nicht geklappt. Jungen dominieren oftmals den Unterricht durch undiszipliniertes Verhalten. Mädchen müssen für das „Soziale" herhalten. Gemeinsame Kreisgespräche scheitern an der Plumpheit und Sprachlosigkeit vieler Jungen und dafür werden die Mädchen bei einigen Sachthemen (mit naturwissenschaftlichem Schwerpunkt) oftmals an die Wand gedrückt. Wer kennt sie nicht, die Stunden zum Thema Sexualität, in denen die Mädchen ernsthaft und bereitwillig mitarbeiten, während die Jungen sich durch verlegenes Wegtauchen oder provozierendes Stören hervortun?

Ein Balance-Akt ist zu leisten.

Einerseits:

● Jungen und Mädchen sollen prinzipiell das Gleiche über das eigene und das andere Geschlecht erfahren.
● Jungen und Mädchen sollen lernen, miteinander zu reden.

Andererseits:

● Jungen und Mädchen sollen sich unbeeinflusst von der Anwesenheit des jeweils anderen Geschlechts auf ihre Art mit einem Thema beschäftigen können.

Da gibt es nur eins: Zeitweise sollten Jungen und Mädchen getrennt arbeiten dürfen, zeitweise oder meistens ist Koedukation angesagt.

Themen, bei denen Jungen und Mädchen ungestört und unbeobachtet unter sich reden sollten, sind zum Beispiel „Selbstbefriedigung" und „Körper- und Intimhygiene". Auch beim Thema „Missbrauch" kann getrenntes Arbeiten erforderlich sein. Immer aber muss die geschlechtshomogene Arbeit darin münden, dass die ganze Gruppe über die Ergebnisse oder die wichtigsten Aussagen, die in den kleinen Gruppen erarbeitet wurden, informiert wird. Es kann auch so laufen, dass sich die Kinder – gestärkt durch das Arbeiten in der homogenen Gruppe – in der Großgruppe besser und freier zu den angeschnittenen Themen äußern können und das Gespräch zwischen Jungen und Mädchen dadurch fruchtbarer wird.

Behutsamkeit ist vor allem in multikulturellen Klassen angesagt. Für türkische Mädchen zum Beispiel ist es nahezu unerträglich, wenn über ihre Sexualität im Beisein von Jungen gesprochen wird.

In einigen Richtlinien wird auf die Möglichkeit, Jungen und Mädchen zeitweise bei Themen der Sexualerziehung zu trennen, empfehlend hingewiesen. Organisatorische Probleme sollte es in der Grundschule diesbezüglich eigentlich nicht geben. Auch hier gilt der Grundsatz: Wo ein Wille ist, ist auch ein Weg.

11 ... und nun zum Unterricht

Im Folgenden werde ich Themen, die in der Sexualerziehung in der Grundschule eine zentrale Rolle spielen, im Einzelnen diskutieren und mit Vorschlägen für die unterrichtliche Umsetzung verbinden. Dabei werde ich bereits vorhandene Unterrichtsanregungen aufgreifen und einige neue Ideen vorstellen.

Dieser Themenkatalog ist nicht deckungsgleich mit einem Lehrplan. Das wäre bei der Vielfalt von Richtlinien und Lehrplänen in den Bundesländern auch kaum leistbar, aber ich hoffe, dass er mit den Vorgaben der verschiedenen Richtlinien vereinbar ist, so dass er im Sinne eines „Steinbruchs" von möglichst vielen benutzt werden kann.

Ich werde versuchen, die Vorschläge sachlich und pädagogisch zu begründen, so dass der Lehrer oder die Lehrerin darin Argumentationshilfen für Gespräche mit Eltern finden kann. Auf bereits Gesagtes zu den Zielen, zur Sprache, zum Medieneinsatz und so weiter werde ich verweisen.

Themenkataloge – die Zeiten ändern sich

Verständlich ist, dass die Themen und Aspekte, die hier angesprochen werden, weit über das hinausgehen, was ursprünglich einmal in den KMK-Empfehlungen von 1968 gestanden hat. Nur ein Satz in diesen Empfehlungen bezieht sich direkt auf die Grundschule: „Bis zum Ende des 1. Schuljahrs sollen alle Kinder den Unterschied der Geschlechter kennen und über die Tatsachen der Mutterschaft Bescheid wissen." Ein zweiter Satz bezieht sich auf die Lerninhalte der ersten sechs Jahre, wobei unklar bleibt, was davon bereits bis zur 4. Klasse gelernt werden soll: „Während der ersten sechs Schuljahre sollen die Kinder über die biologischen Grundtatsachen der Fortpflanzung des Menschen (Zeugung, Schwangerschaft, Geburt, über die körperlichen und seelischen Veränderungen während der Pubertät sowie über Menstruation und Pollution) unterrichtet werden." Schließlich besagt ein weiterer und letzter Satz, der wohl direkt wieder auf die ersten Schuljahre zu beziehen ist: „Auf die Gefahren, die durch ‚Kinderfreunde' drohen, müssen die Schüler der ersten Jahrgänge immer wieder hingewiesen werden."

Die Zeiten haben sich geändert. Die „sexuelle Revolution", 1968 noch in den Kinderschuhen, ist nicht nur zum „Selbstläufer" geworden, weil die damals Jungen inzwischen selbst Eltern sind, sondern ist in einigen Punkten auch abgebremst worden, weil es (wieder) eine tödlich verlaufende sexuell übertragbare Krankheit gibt: AIDS. Auch das Offenkundigwerden von sexuellem Missbrauch (vor allem in der Familie) und die Allgegenwart von Sex in den Medien hat die Lernvoraussetzungen so verändert, dass im Interesse der Kinder ständig Korrekturen in Sexualaufklärung und -erziehung erforderlich geworden sind und weiterhin werden.

Das legt natürlich den Verdacht nahe, dass wir in der Sexualerziehung ständig hinter gesamtgesellschaftlichen Entwicklungen herhetzen und vor allem bemüht sind, zu re-agieren, statt im positiven Sinne zu agieren und eigene Ziele in der Sexualerziehung zu verfolgen. In gewissem Sinne muss man mit diesem Vorwurf zu leben lernen, solange

- sich das Verständnis von Geschlechtlichkeit und dem Geschlechterverhältnis ständig erweitert,
- das Repertoire derer, die Sexualität aus allen erdenklichen Motiven und zu allen erdenklichen Zwecken „benutzen", nicht erschöpft ist,
- neuartige Medien den Erfahrungshorizont der Kinder verändern und
- „Schicksalsschläge" wie mutierte, sexuell übertragbare Viren oder ähnliches nicht vorhersehbar sind.

So etwas kann von Pädagogen, Fachdidaktikern und Erziehern im Vorfeld nicht erahnt werden. Sexualerziehung war und ist ein pädagogisches Handlungsfeld, das sich in Wechselbeziehung zur jeweils aktuellen Lebenswirklichkeit der Kinder über Generationen entwickelt und verändert. Die Bemühungen von Sexualpädagoginnen, Sexualaufklärung und -erziehung aus diesem Prozess zu befreien, hat bisher nicht zu dauerhaften und konsensfähigen Lösungen geführt, sondern eher zu mehr Unruhe. Schließlich bedeutet jede neuartige Erziehungsvariante einen „Versuch am Menschen", dessen Auswirkungen im guten wie im schlechten Sinne oft erst nach Jahren offenkundig werden. Mitunter muss dann das „Rad zurückgedreht werden". Aber auch das gehört zur Evolution.

Der Einstieg oder „Viele Wege führen nach Rom"

Bei den meisten Sachthemen ist es selbstverständlich, dass sich die Lehrperson eine Situation ausdenkt oder aussucht, in der die Kinder einen „vernünftigen" Grund haben, etwas zu fragen, was zum geplanten Thema hinführt. Beispiel: Kinder sollen den Zusammenhang zwischen Frucht und Blüte erkennen. Dafür wird die Lehrerin Früchte mitbringen oder Früchte zum Thema machen, die die Kinder bei sich haben. Der Genuss der Früchte führt zu der Frage, wo die Früchte herkommen – vom Markt? Aber woher haben die Bauern die Früchte? So arbeitet man sich langsam zu den Blüten vor.

Beim Thema Sexualität sollte man im Prinzip genauso vorgehen. Einfach anzukündigen: „In den nächsten Stunden reden wir über Sexualität. Ihr könnt euch Fragen überlegen" ist didaktisch-methodisch ziemlich dilettantisch und die Lehrperson darf sich nicht wundern, wenn einzelne Kinder bei so einem Einstieg alles Mögliche assoziieren oder auch abblocken und eine sachliche und systematische Aufarbeitung schwer machen. Es ist zu bedenken: Wenn Kinder glauben zu wissen, was es mit dem Kinderkriegen oder mit dem Sex auf sich hat, brauchen sie diesbezüglich nichts zu fragen – sie wissen es ja bereits, selbst wenn es falsch ist. Dafür fragen sie dann vielleicht nach etwas „Exotischem", was sie irgendwo aufgeschnappt haben (zum Beispiel auf der Doppelseite vor den Waschmaschinen im OTTO-Versand-Katalog: „Wozu braucht man Bett-Fesseln?" oder „Was ist eine vibrierende Mini-Muschi für den Mann?"). Auch wenn die Kinder sehr „verklemmt" erzogen sind, stellen sie keine Fragen von zentraler Bedeutung, weil sie das nicht wagen. Sie fragen dann vielleicht nur: „Wie atmet ein Baby im Bauch der Mutter?"

Rollt die Lehrperson das Thema demgegenüber von einer konkreten Fragestellung her auf, wie sonst im Unterricht auch, wird zu Beginn quasi von allein vieles kanalisiert. Die Lehrperson kann systematisch und geordnet vorgehen – und Fragen können anschließend oder zwischendurch immer noch gestellt werden. Aus mehreren Richtungen kann man sich dem Thema Sexualität in der Grundschule nähern.

Abbildung 11

1. Eine Frau (aus dem Lehrerkollegium oder der Elternschaft) bekommt ein Baby oder hat ein Baby bekommen/Ein Kind bekommt ein Geschwisterchen oder hat ein Geschwisterchen bekommen. Frage: „Wo kommt *das Baby* her? Wie ist es entstanden?" (vgl. Abbildung 11)

2. Auch die Frage „Wo komme *ich* her?" kann als Einstieg dienen, wenn man zum Beispiel in der 1. oder 2. Klasse eine kleine Biografie der Kinder in Bildern zusammenstellen lässt, die meist mit einem Bild kurz nach der Geburt endet. Selbst wenn ein Kind noch eine Ultraschallaufnahme aus der Zeit der Schwangerschaft mitbringt, bleibt die Frage „Was war am Anfang?".

3. Geburtsanzeigen (mit Symbolen, zum Beispiel mit dem Klapperstorch oder mit der Formel 1 + 1 = 3) lenken das Interesse der Kinder auf die Frage nach der Herkunft der Babys (vgl. Abbildung 12).

4. Unterschiede im Verhalten oder in den Erwartungen an das Verhalten von Jungen und Mädchen provozieren die Frage nach tatsächlichen Geschlechtsunterschieden (vgl. zum Beispiel „Dürfen Cowboys das?", S. 106; s. auch ETSCHENBERG 1996b, S. 1.1).

Abbildung 12

5. Die Schwierigkeit, Jungen und Mädchen in bekleidetem Zustand voneinander zu unterscheiden, führt zu der Problemstellung: Wann ist ein Kind

Abbildung 13

ein Junge, wann ein Mädchen? (vgl. zum Beispiel Abbildung 13; s. auch Etschenberg 1996a, S. 1.1)

6. Beim Thema „Unser Körper" werden die Körperteile und ihre Funktionen, Gemeinsamkeiten und Unterschiede besprochen. Dabei kommen selbstverständlich auch die Geschlechtsorgane und ihre Bedeutung zur Sprache.

7. Das Problem von Jungen, scheinbar nichts mit dem Kinderkriegen zu tun zu haben, kann in der Frage münden: Haben nur Mädchen etwas mit Babys zu tun? (vgl. Etschenberg 1994a)

8. Die Tatsache, dass Jungen und Mädchen getrennte und unterschiedliche Toiletten in der Schule haben (oder unterschiedliche Unterhosen tragen) kann die Überlegung auslösen: Warum ist das so? und lenkt das Interesse auf körperliche Unterschiede der Geschlechter. Dieser Einstieg kann im 1. Schuljahr genutzt werden.

9. Kinder machen immer wieder Bemerkungen, die darauf schließen lassen, dass sie Sexmagazine oder Pornofilme gesehen haben, und veranlassen bei der Lehrperson die Reaktion: „Ich glaube, wir müssen einmal über das Thema, das euch da im Fernsehen so interessant erscheint, miteinander reden. Da geht es um etwas, was vielen Erwachsenen Spaß macht." Das wäre ein (erneuter) Einstieg über den Gelegenheitsunterricht (vgl. S. 38 f.), der in einer 4. Klasse durchaus angemessen ist. Ähnlich kann auch der Einstieg über die BRAVO erfolgen, wenn sie in der Klasse auftaucht.

Einer dieser Zugänge mit den sich daraus ergebenden Fragen müsste von jeder Lehrperson genutzt werden können. Es gibt sicherlich noch andere. Der Vorteil bei einem Unterrichtsmaterial, in dem immer wieder die gleichen Kinder im Mittelpunkt eines Themas zur Sexualerziehung stehen (wie zum Beispiel bei Etschenberg 1996a und b), liegt darin, dass man nicht ständig neue Einstiege braucht, sondern alle paar Wochen sagen kann: Wir wollen einmal sehen, was Anna und Tobias (Klasse 1/2) oder Paul und Laura (Klasse 3/4) inzwischen erlebt haben.

12 Thema: Körper

Kinder stellen fest, dass sich Körper unterscheiden, und zwar sowohl die erwachsenen männlichen von den erwachsenen weiblichen als auch die kindlichen männlichen von den kindlichen weiblichen. Zudem unterscheiden sich die Körper der Kinder von denen der Erwachsenen. Aus diesen vier Vergleichsmöglichkeiten ergeben sich vier Themen für den Unterricht: Jungenkörper – Mädchenkörper, Männerkörper – Frauenkörper, Jungenkörper – Männerkörper, Mädchenkörper – Frauenkörper. Eng mit diesen Unterscheidungen hängen die Themen „Geschlechtsorgane" und „Pubertät" zusammen. Körperbezogen ist auch das Thema „Hygiene".

Kinder erfahren, dass es offenbar sehr wichtig ist zu wissen, ob ein Mensch ein Junge oder ein Mädchen ist, weil die Frage nach dem Geschlecht immer die erste ist, die gestellt wird, wenn man von einer Geburt hört. Die Entscheidung, ob männlich oder weiblich, wird davon abhängig gemacht, ob ein Baby ein Glied hat oder nicht. Sie merken auch, dass die grundsätzliche Einteilung der Menschen in weibliche und männliche praktische Konsequenzen hat: Jungen und Mädchen (Männer und Frauen) benutzen außerhalb der eigenen oder einer privaten Wohnung getrennte Toiletten, sie tragen unterschiedliche Unterwäsche, Oberbekleidung und Frisuren und man geht in einigen Punkten unterschiedlich mit ihnen um (vgl. S. 93 ff.).

Der eigene Körper und seine (auch) sexuellen Funktionen und die Beobachtungen an den Körpern anderer Menschen kann Kindern Angst machen oder Anlass geben zu unrealistischen Theorien oder Fantasien. „Dem Mädchen fehlt das Glied, weil es ungezogen war und ihm das Glied weggenommen wurde." • „Der Junge hat sein Glied, um weit pinkeln zu können." • „Das Glied des Jungen verändert sich, wenn er etwas Böses denkt." • „Manche erwachsenen Frauen machen noch in die Hose und benutzen dann Binden." • „Das Baby kommt zum Nabel heraus." • „Schwangere Frauen schlucken Samenflüssigkeit, weil das gut für das Baby ist." • „Wenn ich groß bin, muss ich erlauben, dass ein Mann sein großes Glied in mich hineinsteckt. Davor habe ich Angst." und so weiter und so weiter

Da hilft nur eins: Frühzeitige sachlich korrekte Aufklärung über den Körper und seine Funktionen, natürlich mit den altersgemäßen Vereinfachungen. Diese dürfen aber – wie bei jedem Unterricht in der Grundschule – keine falschen Vorstellungen erzeugen, sondern müssen problemlos ausbaubar sein durch weiterführende Informationen in höheren Klassen.

Geschlechtsorgane

Dieses Thema hat es „in sich". Da Menschen aufgrund ihrer Ausstattung mit einem Glied beziehungsweise mit einer Spalte eingeteilt werden in männliche und weibliche Menschen und diese Einteilung in unserem Kulturkreis viele Konsequenzen hat, sollte man sich gut überlegen, wie man das Thema an Kinder heranträgt und welche Bedeutung man dem anatomischen „kleinen Unterschied" zugesteht.

Exkurs
_____

Beim Thema Geschlechtsorgane sollte man – so meine Überzeugung – bedenken, dass Kinder aus einer ganz anderen Quelle eine Theorie zum Thema Geschlechtlichkeit kennen lernen, die weit reichende Folgen für das Geschlechterverhältnis gehabt hat und auch heute noch hat: aus der Bibel. „Da sprach Gott der Herr: ‚Es ist nicht gut, dass der Mensch allein bleibt. Ich will ihm eine Hilfe machen, die ihm entspricht.' Da ließ Gott der Herr den Menschen in einen tiefen Schlaf fallen, nahm eine seiner Rippen und verschloss ihre Stelle mit Fleisch. Gott der Herr bildete aus der Rippe, die er vom Menschen genommen hatte, eine Frau und führte sie dem Menschen zu. Und Adam sprach: ‚Dieses da ist endlich Gebein von meinem Gebein und Fleisch von meinem Fleisch' ..." (Genesis, 2,18.21–24, zitiert bei HALBFAS 1985, S. 21)
Hier erscheint es so, als sei der männliche Körper das Ursprüngliche, der weibliche sozusagen eine spätere Erfindung. Zugleich wird der Eindruck erweckt, der Mann sei als Ebenbild Gottes geschaffen und die Frau sei dem Mann zuliebe hinterher erschaffen worden. Selbstverständlich entspricht diese Interpretation in ihrer Vereinfachung nicht den aktuellen theologischen Auslegungen der Bibelstelle, aber diese Interpretation „spukt" in vielen Köpfen herum, wenn der Text von der Grundschule an so vermittelt wird. Lassen sich von daher nicht viele Probleme, die wir mit dem Thema Gleichrangigkeit und Gleichberechtigung von Mann und Frau haben, herleiten? Dem sind die „biologischen Tatsachen", wie sie sich in den Abbildungen 14a bis f (S. 65) niederschlagen, entgegenzuhalten.
Bis zur 6. Woche der embryonalen Entwicklung kann man ohne Chromosomenanalyse einen männlichen Menschen nicht von einem weiblichen unterscheiden. Beide sind von den anatomischen Strukturen her völlig gleich, das heißt bisexuell angelegt. Von außen sind zu sehen: eine Geschlechtsspalte, ein Geschlechtshöcker, zwei Geschlechtswulste und zwei Geschlechtsfalten (Abbildung 14a). Im Körperinnern gibt es zwei Keimdrüsen, das Wolff'sche Gangsystem und das Müller'sche Gangsystem (Abbildung 14b). Unter dem Einfluss eines Gens auf dem Y-Chromosom wandeln sich ab der 6. Woche die Keimdrüsen in Hodengewebe um und produzieren Testosteron. Wenn der embryonale Körper empfindlich ist für Testosteron, dann findet langsam eine Umwandlung statt: Der Geschlechtshöcker wächst und schiebt sich zusammen mit den (Penis-)Schwellkörpern vor. Aus den Geschlechtsfalten werden die Harnröhrenschwellkörper, die zusammenwachsen und die nach außen länger werdende Harnröhre umschließen. Alles zusammen wird zum Penis. Die Geschlechtswulste werden größer und wachsen zum Hodensack zusammen. Die „Naht" bleibt lebenslang sichtbar (Abbildung 14c). Die Wolff'schen Gänge werden

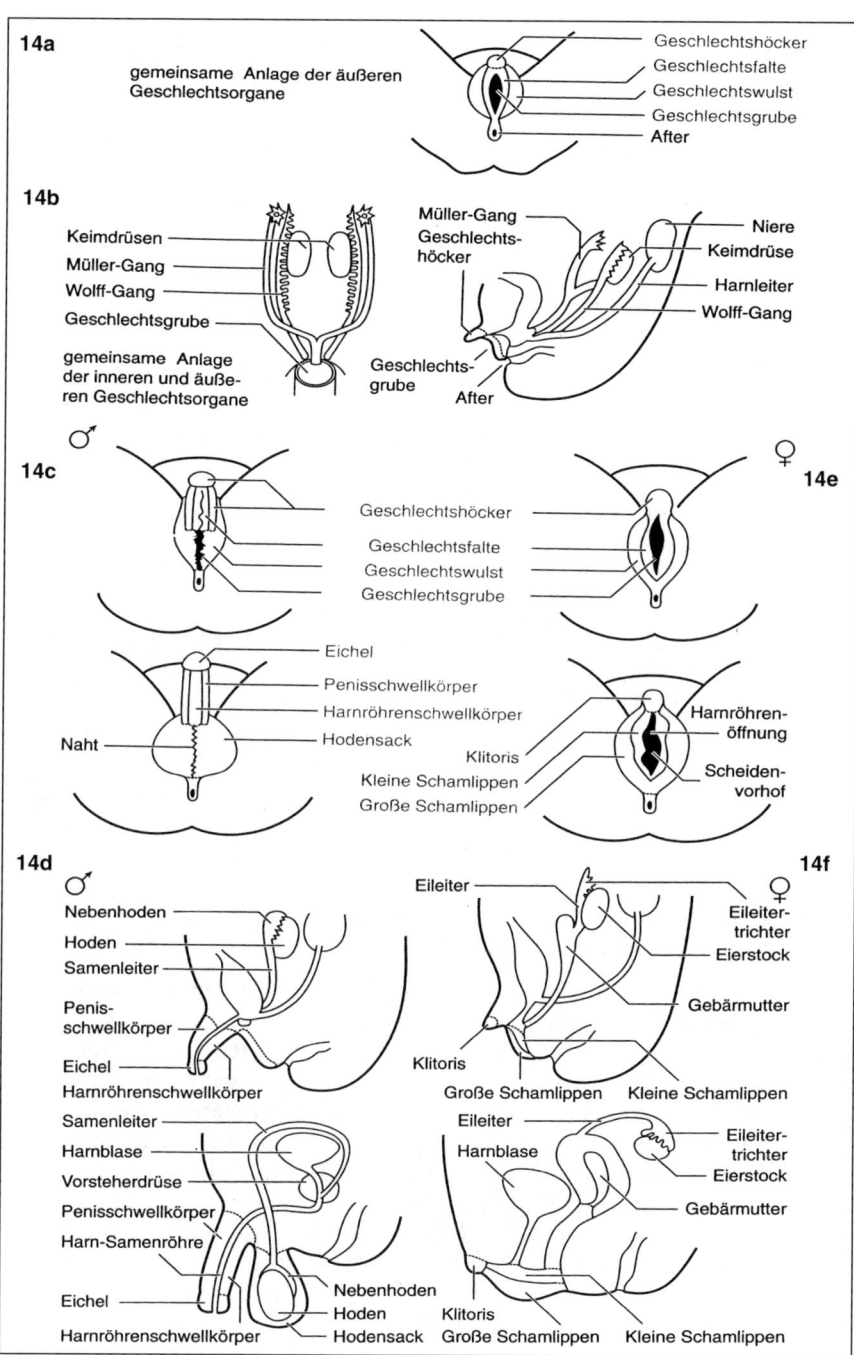

Abbildung 14: Die Entwicklung der Geschlechtsorgane

zu Nebenhoden und Samenleitern. Ein spezieller Wirkstoff unterdrückt zugleich die Weiterentwicklung des Müller'schen Gangsystems (Abbildung 14d).

Ohne den Einfluss des Gens auf dem Y-Chromosom bleiben die äußeren Strukturen des Embryos im Prinzip erhalten, bekommen nur einen anderen Namen: Der Geschlechtshöcker heißt beim endgültig weiblichen Menschen Klitoris, die Geschlechtsfalten Kleine beziehungsweise Innere Schamlippen und die Geschlechtswülste Große beziehungsweise Äußere Schamlippen. Letztere umschließen als so genannte Spalte den Scheiden- und Harnröhreneingang, also die ehemalige Geschlechtsgrube (Abbildung 14e) Die Keimdrüsen werden zu Eierstöcken, die Wolff'schen Gänge verkümmern und die Müller'schen Gänge werden zu Eileitertrichtern und Eileitern. Der untere Teil dieses Gangsystems bildet sich zur Gebärmutter um (Abbildung 14f).

Entgegen diesen seit langem bekannten und in der Fachliteratur zur Embryologie (unter anderem DREWS 1993) und Anthropologie (unter anderem KNUßMANN 1996) eindeutig dargestellten biologischen Fakten bezüglich der Gemeinsamkeiten (Homologien und Analogien) zwischen den männlichen und weiblichen Geschlechtsorganen und der „Ursprünglichkeit" des weiblichen Genitals erscheinen diese in den meisten sexualkundlichen Medien immer noch wie die Merkmale zweier unterschiedlich „konstruierter" Menschen – ohne Gegensteuerung zu der problematischen Darstellung in Religionsbüchern.

Als Beispiel sei hier eine Aussage aus einem Aufklärungsbüchlein zitiert, das in den 60er-Jahren große Verbreitung und Popularität genoss und das sicherlich bis heute das Denken vieler beeinflusst, die damals jung waren und wissbegierig das einzige Aufklärungsbüchlein, das verfügbar war, gelesen haben: „Ein ausgewachsener junger Mann und ein ausgewachsenes junges Mädchen sind tatsächlich grundverschieden, sind tatsächlich Menschen zweierlei Art" (SEELMANN 1968, S. 21). Eine Bekräftigung folgt ein paar Seiten weiter: „Mann und Frau sind zweierlei Menschen" (a.a.O., S. 39). Es gibt keinen vernünftigen Grund, Kindern die korrekte Sichtweise vorzuenthalten. Es liegt sogar der Verdacht nahe, dass es – außer Unbedachtheit – ideologische Beweggründe sind, die eine zutreffende Aufklärung über die Geschlechtlichkeit immer noch behindern (vgl. ETSCHENBERG 1998b).

Mein Engagement für eine korrekte Darstellung der Geschlechtsorgane vor dem Hintergrund der gemeinsamen Anlage möchte ich so begründen:

1. Für ein partnerschaftliches Verhältnis der Geschlechter zueinander darf gar nicht erst der Verdacht aufkommen, das eine oder andere Geschlecht habe mehr oder weniger als das andere oder leiste mehr oder weniger. Die Geschlechtsorgane erwecken primär den Eindruck, der Junge habe mehr. Diesem Eindruck sollte frühzeitig entgegengewirkt werden. Von der Embryonalentwicklung her könnte man die traditionelle Unterscheidung „Der Junge ist ein Mensch mit Glied, das Mädchen ist ein Mensch ohne Glied" ersetzen durch die Formulierung „Das Mädchen ist ein Mensch mit Klitoris, der Junge ist ein Mensch mit Klitoris am Stiel".

2. Der Nachweis der bisexuellen Anlage der Geschlechtsorgane ist der eindeutige Beweis dafür, dass der männliche Körper keineswegs vor dem weiblichen Körper in der Welt existiert hat. Die diesbezügliche „Aufklä-

rung" stellt ein rational fassbares Gegengewicht zu der Theorie von der Vorrangigkeit des Mannes dar.

3. Fehlentwicklungen an den Geschlechtsorganen (Hermaphroditismus, Hodenhochstand, Hypospadien, Varianten in der Ausbildung der Klitoris beziehungsweise des Penis oder der Schamlippen) kann man nur verstehen, wenn man sich die Entwicklung dieser Organe vor Augen hält. Selbstverständlich erfolgt eine vertiefende Behandlung der Homologien und Analogien erst in höheren Klassen. Diese Behandlung wird aber unnötig erschwert, wenn in der Grundschule der Blick für die Zusammenhänge systematisch verstellt wird.

4. Wie anders als über den Vergleich der männlichen und weiblichen Geschlechtsorgane in dem hier vorgestellten Sinne kann man ohne jede Peinlichkeit die Klitoris des Mädchens ins Gespräch bringen? Dass es immer noch junge Erwachsene gibt, die von der Bedeutung der Klitoris für den Lustgewinn der Frau beim sexuellen Handeln kaum etwas wissen, mag auch daran liegen, dass dieses Organ von vielen Lehrerinnen gerne bei Besprechung der Geschlechtsorgane ausgelassen wird, weil sie keinen „vernünftigen" funktionellen Zusammenhang zur Fortpflanzung herstellen können. Dieser Zusammenhang kann auch nicht hergestellt werden, weil die Klitoris keine Rolle für die Fortpflanzung spielt. Ihre Bedeutung bekommt sie durch ihre Rolle für die sexuelle Befriedigung der Frau, und diese Rolle spielt sie, weil das homologe Organ des Mannes zentrale Bedeutung für seinen Orgasmus hat. Der Orgasmus des Mannes ist im Gegensatz zu dem der Frau unverzichtbar, weil sonst die Samenzellen nicht aus den Nebenhoden herausge„pumpt" würden. Man kann also sagen: Die Frau kann einen klitoralen Orgasmus bekommen, weil der Mann einen Orgasmus bekommen muss. So könnte man auch sagen: Der Mann hat Brustwarzen, weil die Frau ihre Brustwarzen (zum Stillen der Kinder) braucht.

Selbstverständlich übersteigt das Thema „Embryonalentwicklung der Geschlechtsorgane" die Vorstellungskraft und das Interesse der Kinder in der Grundschule, aber zumindest die Homologie der äußeren Geschlechtsorgane ist bis zu einem gewissen Grade vermittelbar.

Beim Gespräch über die Geschlechtsorgane wirkt es sich hinderlich aus, wenn man das Thema „Kinderkriegen" erst später behandeln will, weil der Bau der Geschlechtsorgane natürlich nur im Zusammenhang mit Zeugung und Schwangerschaft verständlich wird.

Hier sei ausdrücklich empfehlend auf die Nutzung von speziellen Medien (vgl. Abbildung 15) im Unterricht hingewiesen. Es sind Puppen, die in allen Details gleich aussehen bis auf die Geschlechtsorgane. Sie sind aus weichem körperähnlichen, abwaschbaren Material, kosten derzeit unter 40 DM pro Stück und werden von der Firma VEDES angeboten. Mit den beiden Puppen in den Händen kann man nach meiner Erfahrung sehr anschaulich und ohne Peinlichkeiten Sexualaufklärung zu Bau und Funktionen der Geschlechtsorgane und zum Thema „Hygiene" in der Grundschule leisten.

Im 4. Schuljahr kann man auch das Modell „Weibliches Becken" der Firma SOMSO (Lehrmittelhandel) einsetzen. Demgegenüber ist das Modell „Männliches Becken" eigentlich zu unübersichtlich für die Grundschule, kann aber bei entsprechender Kommentierung durch die Lehrperson in Einzelfällen durchaus zu mehr Verständnis der anatomischen Gegebenheiten beim Jungen beitragen.

Trotz meiner Bedenken gegen dieses Vorgehen wird hier ein Text (Variante 1) zum Erarbeiten, Erzählen oder Erlesen vorgeschlagen, der vorläufig das Thema „Kinderkriegen" ausklammert. An den oben erwähnten Puppen und an einer Zeichnung (Abbildung 16) kann man zeigen:

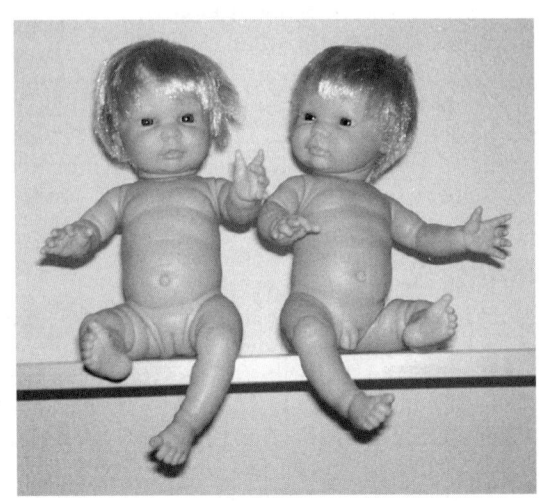

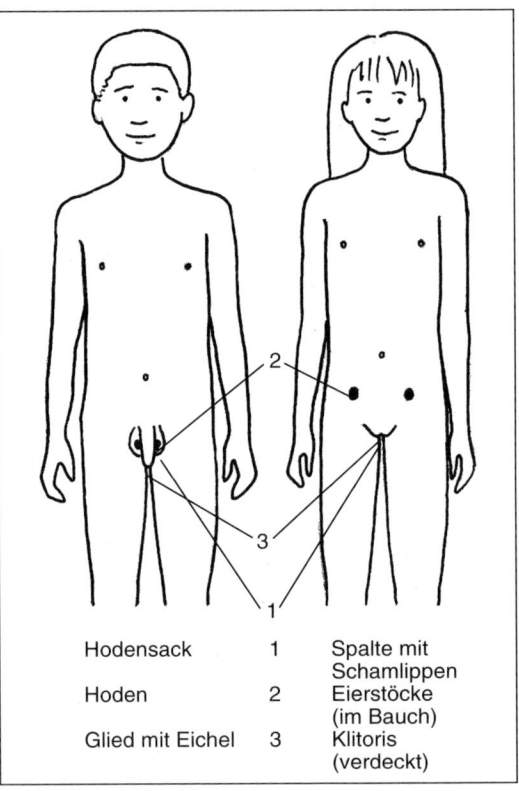

Abbildung 15 (oben)

Abbildung 16 (unten)

Hodensack	1	Spalte mit Schamlippen
Hoden	2	Eierstöcke (im Bauch)
Glied mit Eichel	3	Klitoris (verdeckt)

Die Körper von Jungen und Mädchen sind fast gleich. Sie unterscheiden sich ein wenig in den Geschlechtsorganen.

Mädchen haben zwei Schamlippen, die zusammen eine Spalte bilden. Jungen haben diese Schamlippen vor der Geburt auch gehabt, dann sind sie aber zusammengewachsen zu einem Beutelchen. Man nennt das Beutelchen Hodensack. Da liegen nach der Geburt zwei Bällchen, die Hoden, drin. Vor der Geburt waren die Hoden im Bauch des Jungen. Solche Bällchen hat das Mädchen auch, aber sie bleiben im Bauch liegen. Man nennt sie Eierstöcke. Hoden und Eierstöcke sind wichtig für das Kinderkriegen. Zwischen den Schamlippen liegt beim Mädchen der Ausgang für den Urin (man kann auch Pipi sagen). Dieser Ausgang ist beim Jungen etwas länger und verläuft durch sein Glied. Die Spitze des Gliedes heißt Eichel. So etwas Ähnliches wie die Eichel liegt beim Mädchen vorne zwischen den Schamlippen und heißt Klitoris.

Zu den Benennungen sei noch eine Anmerkung gemacht: Bei dem Körperteil des Mädchens, das dem Glied des Jungen entspricht, hat man die Wahl zwischen „Kitzler" und „Klitoris". Ich bevorzuge den Begriff „Klitoris", weil das sehr anschauliche Wort „Kitzler" oftmals von Mädchen als peinlich empfunden wird und von Jungen für „blöde Bemerkungen" missbraucht wird. Diese Gefahr besteht bei „Klitoris" nicht. Man stelle sich vor, man würde das Glied des Jungen im Unterricht mit „Rubbelmännchen" o. Ä. bezeichnen! Dass es sich bei Klitoris und Kitzler um Synonyme handelt, muss natürlich beiläufig erwähnt werden, damit Kinder Aussagen zum Kitzler in anderen Zusammenhängen dem richtigen Organ zuordnen und nicht glauben, eine Frau habe einen Kitzler und eine Klitoris.

Variante 2 des „Aufklärungstextes" stellt den Zusammenhang zwischen Geschlechtsorganen und dem Kinderkriegen her und kann unter Einbeziehung von Abbildung 17a und b und Abbildung 18 (S. 101) den Kindern eventuell abschnittweise erzählt oder schriftlich vorgelegt werden.

Männer und Frauen sind in den Geschlechtsorganen darauf spezialisiert, zusammen Kinder kriegen zu können.

Das Mädchen hat Schamlippen, die zwischen den Beinen zusammenstoßen wie die Lippen unseres Mundes. Hinter den Schamlippen liegt der Ausgang für den Urin und der Ausgang für das Baby. Das Baby wächst in einer kleinen Höhle im Bauch der Mutter heran. Die Höhle heißt Gebärmutter. Den Ausgang aus der Gebärmutter nennt man Scheide.

Beim Jungen sind die Schamlippen zu einem Beutelchen zusammengewachsen. In dem Beutel, den man Hodensack nennt, liegen zwei Bällchen, die Hoden. Solche Bällchen hat das Mädchen auch. Sie liegen bei ihr im Bauch und heißen Eierstöcke.

Beim Jungen ist der Ausgang für den Urin ein bisschen länger als beim Mädchen. Er ist vom Glied umschlossen. Das Glied ist wichtig zum Zeugen eines Babys. Dazu müssen die Samenzellen aus dem Hoden ganz nah an die Eierstöcke der Frau herangebracht werden. Aus so einem Eierstock kommt nämlich ein winziges Ei, das mit einer Samenzelle zusammentreffen muss.

Das Glied kann ein bisschen größer und steif werden, und dann kann ein Mann sein Glied in die Scheide der Frau schieben. Da kann er die Samenzellen rauslassen. Wenn Samenzellen in der Scheide sind, dann schwimmen sie von allein durch die Gebärmutter in Richtung Eierstock.
Wenn Mann und Frau das zusammen machen, nennt man das Geschlechtsverkehr oder zusammen schlafen. Mann und Frau haben gern Geschlechtsverkehr, wenn sie sich gegenseitig besonders mögen. Es wäre schlecht, wenn der Geschlechtsverkehr unangenehm wäre oder sogar weh täte (wie zum Beispiel eine Zahnbehandlung), denn dann gäbe es bestimmt viel weniger Kinder. Mann und Frau können auch Freude am Geschlechtsverkehr haben, wenn sie kein Baby wollen. Dabei müssen sie aber darauf achten, dass die Samenzellen kein Ei erreichen. Der Mann kann eine Art Tütchen über das Glied ziehen, ein Kondom. Da werden die Samenzellen aufgefangen. Die Frau kann auch regelmäßig eine bestimmte Pille schlucken, die Antibabypille, die verhindert, dass ein Ei in ihrem Bauch reif wird.

Der Hinweis auf Empfängnisregelung scheint mir in unmittelbarem Zusammenhang mit der Grundaufklärung über den Geschlechtsverkehr unverzichtbar, da Kinder sonst mit der Vorstellung aufwachsen, man müsse bei jedem Geschlechtsverkehr mit einem Baby rechnen.

Variante 3 des „Aufklärungstextes" könnte die Information um den Aspekt der Selbstbefriedigung erweitern.

Wenn Mann und Frau ganz zärtlich miteinander sind und vielleicht auch Geschlechtsverkehr haben, dann streicheln Mann und Frau sich gegenseitig – auch ihre Geschlechtsorgane. Das ist ein sehr schönes Gefühl. Besonders empfindlich sind das Glied und die Klitoris. So ein schönes Gefühl kann jeder Mensch auch ohne Geschlechtsverkehr von klein auf haben, wenn er sich selbst streichelt.

Weitere Aussagen zur Selbstbefriedigung sollten – wie schon auf S. 56 f. erwähnt – in geschlechtshomogenen Gruppen zur Sprache kommen. Dabei ist darauf zu achten, dass keine normierenden Aussagen gemacht werden, wie etwa „Alle Kinder mögen Selbstbefriedigung" oder „So etwas tun nur ganz wenige Kinder" (vgl. S. 98). Richtig ist:

Viele Kinder mögen Selbstbefriedigung, viele Kinder haben aber auch keine Lust dazu. Beides ist in Ordnung.

Durch alle Aussagen zu diesem Thema müssen sich alle Kinder akzeptiert und gestärkt fühlen – egal, ob sie sexuell aktiv sind oder nicht. Nur belästigen oder unter Druck setzen dürfen sie niemanden mit ihrem Handeln.

Ja, und dann ist da noch das Thema „Orgasmus". Es ist kaum zu umgehen, wenn die Lehrperson nicht alle Register der Abwehr oder des Ignorierens zieht. Auch hier gilt wieder: Sind die Geschlechtsorgane in ihrer Entsprechung bei Junge und Mädchen und der Geschlechtsverkehr in seiner zentralen Bedeutung besprochen, dann lässt sich folgende Information (eventuell mit

Hilfe der bereits bekannten Abbildungen und der Puppen) relativ leicht vermitteln:

Wenn die Samenzellen des Mannes nah an die Eizelle der Frau gelangen sollen, dann müssen sie mit Schwung aus den Hoden durch das Glied herauskommen. Diesen Schwung erhalten sie durch eine Pumpbewegung in den Geschlechtsorganen. Diese Pumpbewegung ist ein angenehmes Gefühl. Sie entspannt so ähnlich wie ein Niesen nach wachsendem Niesreiz. Dieses entspannende Gefühl nennt man Orgasmus. Die Frau braucht so einen Orgasmus nicht, um ein Baby zu bekommen. Sie kann so ein entspannendes Gefühl aber auch erleben, weil die Klitoris genauso reagieren kann wie das Glied. Es ist für Männer und Frauen sehr schön, wenn beide einen Orgasmus haben.

Es sei betont, dass diese Formulierungshilfen nur das sachliche Grundgerüst für die Wissensvermittlung und die Akzentsetzungen anbieten. Sie können und sollen aufgelockert werden durch einen freundlichen – fast möchte ich sagen: humorvollen – Tonfall, durch Mimik und Gestik, die ein wenig Spannung in die Darstellung bringen (zum Beispiel beim Vergleich von Orgasmus und Niesen), und durch Gesprächssequenzen, in denen Kinder selbst schlussfolgernd weiterdenken können (zum Beispiel bei der Frage, warum es wichtig ist, dass es beim Geschlechtsverkehr angenehme Gefühle gibt). Der Vergleich des Gliedes mit einem Taschenknirps, der sich praktischerweise bei Bedarf „entfaltet" und sonst nicht durch seine Größe stört, erweckt bei Kindern den Eindruck, dass auch die Geschlechtsorgane zweckmäßig gebaut sind und ihre Funktionen grundsätzlich nichts Beunruhigendes haben.

Völlig fehl am Platze wären langatmige „Vorträge" über das variationsreiche Sexualleben Erwachsener, an dem Kinder in der Regel überhaupt kein Interesse haben!

Hygiene

Intimhygiene ist ein heikles Thema wegen der Nähe der Geschlechtsorgane zu den Ausscheidungsorganen. Viele Kinder werden mit der Begründung „Geh da nicht dran, das ist schmutzig" daran gehindert, diese Organe zu erkunden und zu säubern, nachdem der „Pflegedienst" der Mutter wegfällt. Die Möglichkeiten der Lehrperson sind in diesem Punkt begrenzt, weil sie sich durch Hinweise auf die Intimhygiene stark in die Gepflogenheiten und Traditionen der Familien einmischt. Dennoch sollte sie es versuchen, weil sich mangelhafte Körperpflege hemmend auf die sexuelle Entwicklung auswirken kann nach dem Motto „Wenn andere da unten genauso fies sind wie ich, dann kann man da doch nicht hinfassen". Hinweise in höheren Klassen auf intime Zärtlichkeiten (unter Verzicht auf Geschlechtsverkehr) stoßen aus diesem Grund bei einigen Jugendlichen auf Unverständnis. Andererseits ist auch nicht zu wünschen, dass ein Junge oder ein Mädchen kein Problembewusstsein hinsichtlich seiner Körperpflege hat und dadurch einen Partner oder eine Partnerin abstößt oder gesundheitlichen Risiken aussetzt.

Deshalb sollte man in der Grundschule offen darüber sprechen, wie man sich – vor allem im Kontext mit der Toilettenbenutzung – säubern kann. Das sollte nicht isoliert geschehen, sondern in einem größeren Zusammenhang, zum Beispiel beim Thema „Selbstständigwerden", damit das Thema den Kindern nicht peinlich ist.

Zum Selbstständigwerden gehört:
- *man wird nicht mehr gefüttert,*
- *man kann allein ins Bett gehen,*
- *man zieht keine Windeln mehr an und geht rechtzeitig auf die Toilette,*
- *man putzt sich die Nase selbst,*
- *man hält sich selbst sauber: duscht, putzt die Zähne und wischt sich nach dem Toilettengang nicht nur mit Papier ab, sondern reinigt die Pofalte auch feucht (zum Beispiel mit einem eigenen Waschlappen).*

Jungen brauchen eine zusätzliche Information darüber, dass sie die Eichel regelmäßig mit Wasser abspülen müssen (wegen der Ablagerungen in der Kranzfurche, die zu Entzündungen führen können). Dabei kommt nahezu automatisch die Vorhautverengung (Phimose) ins Gespräch. Die Verklebung der Vorhaut mit der Eichel ist in den ersten Lebensjahren des Jungen normal, sollte aber im Laufe der Grundschulzeit verschwinden. Eine Vorhautverengung ist eine Behinderung bei der Erektion, beim Geschlechtsverkehr und bei der Kondombenutzung. Es gibt Jungen, die erst durch den Unterricht erfahren, dass sie eine Phimose haben und daran etwas machen lassen müssen (Dehnung oder Beschneidung).

Die Beschneidung sollte sowieso zum Thema gemacht werden, damit die Kinder untereinander mehr Verständnis entwickeln, da alle muslimischen Jungen in einer feierlichen Zeremonie beschnitten werden (vgl. ETSCHENBERG/ JOSEPH 1998, S. 20 ff.).

Als Thema der Hygiene- und Gesundheitsvorsorge kann auch AIDS angesprochen werden. Solange es sich bei einer HIV-Infektion um eine reale tödliche Bedrohung handelt, wäre es unverantwortlich, nicht bereits Kinder auf die Notwendigkeit des Infektionsschutzes hinzuweisen. Dabei dürfen AIDS und andere sexuell übertragbare Krankheiten (unter anderem Hepatitis B) nicht als „Abschreckung" missbraucht werden, wohl aber als Begründung für eine gewisse Vorsicht bei Geschlechtsverkehr. Kindern gegenüber könnte dies so formuliert werden:

Beim Küssen kann man sich mit Krankheiten anstecken, deren Erreger im Mund, Rachen oder in den Atemwegen ‚hausen'. Bei einem so engen Körperkontakt wie dem Geschlechtsverkehr können Erreger übertragen werden, die in den Geschlechtsorganen oder in der Samenflüssigkeit vorkommen. Gegen solche Übertragungen schützen Kondome.

Veränderungen in der Pubertät

Körperliche Veränderungen in der Pubertät sollten zum Ende der Grundschulzeit mit den Kindern besprochen werden, damit sie darauf vorbereitet sind. Der erste Samenerguss und die erste Monatsblutung sollten mit positiven Erwartungen verbunden werden. Beide sind Anzeichen dafür, dass der Junge bzw. das Mädchen gesund sind und später, wenn erwünscht, eigene Kinder bekommen können. So ist dieses Thema auch ein Beitrag zur Gesundheitsförderung (vgl. ETSCHENBERG 1999).

Dass die Monatsblutung mit anderen Befindlichkeiten verbunden ist als der Samenerguss, darf nicht verschwiegen werden: Das Mädchen erlebt den Beginn seiner Geschlechtsreife als schmerzhafte und lästige Angelegenheit, der Junge als Ereignis, das mit Lust zu tun hat. Beides hat spezifische Auswirkungen auf Jungen und Mädchen, deren ausführliche Besprechung die Kinder in der Grundschule aber überfordern würde. Hinweise auf hygienische Maßnahmen beim Umgang mit den neuartigen Körperflüssigkeiten können aber bereits hilfreich sein. Mädchen, die meist ein paar Jahre früher geschlechtsreif werden als Jungen, kann der Hinweis auf den „Ausfluss", der kurze Zeit vor der ersten Blutung auftreten kann, nützlich sein. Der Gebrauch von Tampons sollte nicht als selbstverständlich hingestellt werden, sondern als eine Alternative zu Binden. Die Entscheidung darüber, was ein Mädchen benutzt, sollte in der Familie fallen. Im Hinblick auf türkische Mädchen und Mädchen aus streng katholischen Elternhäusern muss die Frage nach dem Erhalt des Jungfernhäutchens ernst genommen werden (vgl. ETSCHENBERG/JOSEPH 1998, S. 20 ff.).

So will er nicht sein ...
Vielleicht so ...

Abbildung 19

Der Unterschied zwischen Binde und Tampon sollte im Unterricht demonstriert werden, indem man beide Gegenstände von Kindern auseinander nehmen lässt und ihre Reaktion auf Wasser testet. Auch ein kleines „Tauziehen" mit einem Tampon ist aufschlussreich, weil viele Kinder befürchten, das Fädchen könnte reißen.

Die Vorbereitung auf die Pubertät umfasst natürlich nicht nur das Thema „Samenerguss und Menstruation", sondern ganz allgemein den Ausblick auf grundlegende körperliche und seelische Veränderungen, die mit dem Erwachsenwerden zusammenhängen. Die körperlichen Veränderungen (Entwicklung der Brust, Veränderungen an äußeren Geschlechtsorganen, Bartwuchs, Stimmbruch und anderes mehr) lassen sich relativ leicht besprechen und stoßen auch auf Interesse der Kinder. Die seelischen Veränderungen sind im Voraus schwer einfühlbar. Kinder mit älteren Geschwistern haben es etwas leichter, weil sie den „Pubertätsstress" zu Hause schon erleben und ahnen, was gemeint ist, wenn man von den anstehenden Veränderungen spricht. Allzu sehr sollte man Kinder jedoch nicht mit solchen Zukunftsvisionen belasten. Es mag aber für einige Kinder ein wichtiger Rat sein, sich schon Gedanken darüber zu machen, wie sie selbst einmal – im Vergleich zu ihnen bekannten Erwachsenen – sein wollen (vgl. Abbildung 19). Für einen Teil der Kinder ist dies nur ein lustiges Spiel, für andere ist es ein Anreiz zur Selbstreflexion und wirkt vielleicht wie ein Programmentwurf, dem sie sich verpflichtet fühlen. Das könnte hilfreich sein, sofern das Leitbild, über das in der Klasse diskutiert werden kann, positiv ist.

13 Thema: Kinderkriegen

Im Kinderkriegen liegt der eigentliche Ursprung und Zweck von Sexualität. Im Gegensatz zur ungeschlechtlichen Vermehrung (zum Beispiel durch Ableger) entstehen bei der geschlechtlichen Vermehrung Nachkommen mit einer großen genetischen Variationsbreite. Das ist gut für das Überleben und die Ausbreitung einer Art unter wechselnden Umweltbedingungen. Ohne Sexualität gäbe es das Leben in seiner ungeheuren Vielfalt nicht und gäbe es die biologischen Vorteile nicht, gäbe es keine Sexualität – auch keine menschliche. Den Kindern sollte man bewusst machen, dass sich alle Menschen, sogar Geschwister (bis auf eineiige Zwillinge), ein bisschen voneinander unterscheiden.

Auch wenn Menschen ihre Sexualität völlig losgelöst von der Fortpflanzung leben können, den ursprünglichen Zusammenhang darf man aus Gründen der sachlichen Redlichkeit nicht leugnen. Man würde Kindern ein wesentliches Element der Evolution und der seit Jahrmillionen bei allen Lebewesen wirksamen Triebkräfte verheimlichen, wenn man den Zusammenhang von Sexualität und Fortpflanzung nicht als einen ursprünglichen und wichtigen darstellen würde.

Auch würde man es ihnen schwer machen zu verstehen, warum es so kompliziert ist, Sexualität ohne ständige Sorge wegen einer ungewollten Schwangerschaft ausleben zu können. Nur wenn man begriffen hat, dass der Mensch „als Lebewesen" eine ganz starke Motivation hat, Geschlechtsverkehr zu haben, der das Kinderkriegen ermöglicht, und dass der Zusammenhang von Sexualität und Fortpflanzung nur mit erheblichem Aufwand zu „knacken" ist („heimlicher Eisprung" bei der Frau), weiß man, wie kenntnisreich und kontrolliert man mit seiner Sexualität umgehen muss, um nicht fortwährend Probleme zu haben.

Mutterschaft – Vaterschaft

Aus einem weiteren Grund ist das Thema „Kinderkriegen" in der Sexualerziehung der Grundschule von zentraler Bedeutung: Fast jedes Kind ist fasziniert von Schwangerschaft und Geburt. Mädchen und Jungen gleichermaßen finden „das alles" spannend, und zwar sowohl aus der Perspektive „So bin ich also entstanden" als auch aus der Perspektive „Das kann ich selbst mal erleben".

Fragwürdig vor diesem Hintergrund ist die Gewohnheit, Kinder immer erst und nur über die Mutterschaft aufzuklären, während die Vaterschaft gar nicht oder deutlich später oder nur unter bestimmten Bedingungen angesprochen wird (vgl. Empfehlungen der KMK von 1968; Richtlinien Rheinland-Pfalz). Dass Kinder primär mit ihrer Frage „Wo komme ich her?" oder „Wo kommen die Babys her?" auf die Mutterschaft abzielen und sich mit diesbezüglichen Antworten mitunter jahrelang zufrieden geben, mag für die Erstaufklärung zu Hause hingenommen werden. Für die Sexualerziehung in der Schule möchte ich Folgendes zu bedenken geben:

Dass Frauen etwas mit dem Kinderkriegen zu tun haben, ist für die meisten Kinder „sinnfällig" beziehungsweise kann sinnfällig werden. Die Mutter, die Kindergärtnerin oder eine andere Frau wird dick und dicker, und plötzlich ist sie wieder schlank und hat ein Baby im Arm. Außerdem lässt man heutzutage viele Kinder am Verlauf der Schwangerschaft teilhaben, indem man sie am Bauch horchen oder die Bewegungen des Babys spüren lässt. So erfahren Mädchen und Jungen frühzeitig etwas über die Bedeutung der Frau für das Kinderkriegen, und dieses Wissen prägt nicht nur das Bild von der eigenen Mutter, sondern auch von der Wichtigkeit, die Mädchen und Frauen grundsätzlich haben.

Und wie stehen Männer und Jungen im Vergleich dazu bei kleinen Mädchen und Jungen da? So, als seien sie für das Kinderkriegen überflüssig. Lediglich bei der Kinderversorgung scheinen sie manchmal „mitzumischen". Ansonsten erfahren die Kinder vor allem in den *Medien*, welche Bedeutung Männer haben: Sie halten wichtige Reden, jagen Verbrecher oder sind Verbrecher und knutschen und zanken mit Frauen rum (um es ein bisschen überspitzt und verkürzt auszudrücken). Neigen deshalb schon kleine Jungen manchmal Mädchen und Frauen gegenüber zu Macho-Verhalten?

Wie dem auch sei – Männer, insbesondere Väter, und kleine Jungen haben m. E. ein Recht darauf, dass man Kinder frühzeitig über die männliche Rolle beim Kinderkriegen aufklärt. Diese Aufklärung muss ausdrücklich und deutlich erfolgen, denn „sinnfällig" wird Vaterschaft nicht. Lediglich die körperliche Ähnlichkeit mit dem Vater kann man Kindern als Hinweis darauf anbieten, dass sie nicht nur von der Mutter „gemacht" worden sind. Fatal wäre die Annahme, Kinder wüssten über die Vaterschaft Bescheid, wenn sie „altklug" über Sex reden. Selbst Bilder von höchster Eindeutigkeit bezüglich Geschlechtsverkehr verraten nichts von der Möglichkeit der Vaterschaft. So kennen Kinder mitunter in der Grundschule schon etliche Sexualpraktiken (aus entsprechenden Medien), ohne begriffen zu haben, wie Kinder entstehen.

Die Information, dass der Mann für die Entstehung eines Kindes unverzichtbar ist, löst bei einigen Jungen geradezu Begeisterung aus, weil sie damit endlich erfahren, warum es sie überhaupt gibt und warum sie andere Geschlechtsorgane haben als Mädchen. Die Fähigkeit zum „Zielpinkeln" mag Jungen (und auch Mädchen) vielleicht im Kindergarten noch als Sinngebung für das Glied erfreuen, spätestens wenn sie in die Schule kommen, sollten sie die eigentliche Zweckbestimmung kennen lernen.

Auch hier wieder ein Vorschlag für einen „Aufklärungstext" in der 1. Klasse. Hierzu kann – in Absprache mit den Eltern! – die Abbildung 18 (S. 101), auf Folie übertragen und ein bisschen farblich ausgestaltet, beim Erzählen zu Hilfe genommen werden.

Jedes Kind hat einen Vater und eine Mutter. Babys entwickeln sich im Bauch der Mutter aus einem winzigen Ei. Das Ei wird zum Baby, wenn es mit einer Samenzelle aus dem Körper des Vaters zusammentrifft. Solche Samenzellen kommen aus dem Glied des Vaters. Sie gelangen zum Ei im Bauch der Mutter durch ein kleines Röhrchen zwischen den Beinen der Frau. Das Röhrchen heißt Scheide. Wenn man ein Baby haben will, dann muss der Mann sein Glied in die Scheide der Frau schieben und da die Samenzellen herauslassen. Nach neun Monaten verlässt das Baby den Bauch der Mutter durch die Scheide.

Heute sollte es selbstverständlich sein, dass man Vaterschaft über den Zeugungsakt hinaus als *Mitverantwortlichkeit für ein Kind* definiert. Das beginnt beim Thema Verhütung (Hinweis auf Kondome/„Tütchen") und schließt die Darstellung der Vaterrolle gegenüber einem geborenen Kind mit ein (Abbildung 20).

Abbildung 20

Schwangerschaft und Geburt

Dieses Thema ist eines der einfachsten in der Sexualerziehung, weil man auf jeden Fall mit dem ungeteilten Interesse der Kinder und mit wenig Störungen rechnen kann. Einige Bilder verdeutlichen die Veränderungen im Bauch der schwangeren Frau. Ein besonderer Akzent ist auf die Fürsorge der Schwangeren für ihr Kind (Verzicht auf Anstrengung, Rauchen, Alkohol- und sonstigen Drogenkonsum, gesunde Ernährung, Gymnastik) und auf die erforderliche

Rücksichtnahme aus ihrem Umfeld (Fernhalten von Tabakrauch, Vermeiden von Stress, körperliche Schonung und so weiter) zu legen.

Die *Nabelschnur* ist für Kinder von besonderem Interesse, weil sie sozusagen das „Lebenskabel" für das ungeborene Kind ist und natürlich auch die Erklärung dafür ist, warum alle Menschen am Bauch den so genannten Nabel haben. Ein möglicher Informationstext für Kinder, denen die Begriffe Sauerstoff und Nährstoffbausteine noch nichts sagen, lautet:

Das Kind kann vor der Geburt noch nicht essen und noch nicht atmen. Deshalb muss die Mutter es mitversorgen. Das Baby bekommt alles Lebensnotwendige aus dem Blut der Mutter. Dafür fließt durch die Nabelschnur frisches Blut der Mutter in den Körper des Kindes und verbrauchtes Blut zurück. Die Nabelschnur kommt aus dem Nabel des ungeborenen Kindes und verbindet es mit der Gebärmutter.

Es lässt sich sehr wahrscheinlich nicht vermeiden, dass in der Klasse das Stichwort „Abtreibung" im Zusammenhang mit dem Thema Schwangerschaft fällt. Hier sollte man als Lehrperson darauf hinwirken, dass der Begriff „Schwangerschaftsabbruch" (statt „Abtreibung", nicht aber „Schwangerschaftsunterbrechung") bevorzugt benutzt wird wegen der etwas anderen Akzentsetzung, die mit der derzeitigen Gesetzeslage übereinstimmt.

Im Übrigen ist Folgendes zu beachten: Möglicherweise hat ein Kind der Klasse die Problematik eines *Schwangerschaftsabbruchs* zu Hause schon miterlebt und ist entsprechend sensibilisiert. Die Lehrperson sollte deshalb ihre Wortwahl gut überlegen. Hier ein Formulierungsvorschlag:

Die meisten Frauen freuen sich auf ihr Kind, wenn sie schwanger sind. Das ist schön für die Frau und gut für das Kind. Manchmal ist für sie die Schwangerschaft oder die Geburt aber gefährlich, weil sie nicht ganz gesund ist. Vielleicht erscheint ihr aber auch die Versorgung eines Kindes so schwierig, dass sie das Baby nicht haben will; vielleicht ist sie noch sehr jung oder schon ziemlich alt oder sie ist noch in der Ausbildung oder hat sonst ein Problem. In solchen Fällen kann eine Frau mit Hilfe des Arztes die Schwangerschaft abbrechen. Dafür darf sich das befruchtete Ei, das aus der Gebärmutter entfernt wird, aber noch nicht allzu weit entwickelt haben. Wenn eine Frau die Schwangerschaft trotz ihrer Probleme nicht abbricht, kann sie das Kind nach der Geburt zur Adoption freigeben. Auch das ist keine leichte Entscheidung. Wer so ein Problem selber später vermeiden will, sollte sich ganz genau informieren, wie er beim Geschlechtsverkehr eine Schwangerschaft verhindern kann. Es gibt dazu mehrere Möglichkeiten.

Auch in diesem Kontext erscheint es also wichtig und legitim, bereits in der Grundschule auf Möglichkeiten der *Empfängnisregelung* hinzuweisen. Diese Art der Einflussnahme mit dem Ziel, die Anzahl von Schwangerschaftskonflikten und -abbrüchen zu reduzieren, ist in meinen Augen die einzig vertretbare: Horrorszenarien von dem „armen abgetriebenen Kind" sind völlig fehl am Platze. Ebenso darf der Abbruch nicht bagatellisiert werden, weil er keine Bagatelle ist.

Sollten einzelne Kinder das Thema „Schwangerschaftsabbruch" vertiefen wollen, sollte man das Gespräch nur mit den offenbar besonders Interessierten weiterführen (zum Beispiel in der Pause), um die anderen Kinder nicht unnötig damit zu belasten.

Zum Thema Geburt wurde zur Bildauswahl schon an anderer Stelle etwas gesagt (vgl. S. 49 f.). Inhaltlich ist zu beachten, dass sie nicht als etwas schrecklich Schmerzhaftes dargestellt werden sollte, um Kinder nicht zu ängstigen. Dass eine Geburt für die Frau anstrengend ist, braucht aber nicht verschwiegen zu werden.

Mit Fantasiereisen und Spielen, die Kinder in einen „vorgeburtlichen" Zustand versetzen oder den Geburtsvorgang simulieren, sollte man vorsichtig sein, wenn man keine spezielle Ausbildung und Schulung für solche ich-nahen und bei einigen Kindern sehr tief erlebten Lernangebote mitgemacht hat.

12 Thema: Zusammenleben und Beziehungen

Sexualität erlebt man besonders schön in Beziehungen. Dieser Behauptung werden sicherlich die meisten Menschen zustimmen, auch wenn sie autoerotische Handlungen („Sex für sich allein") angenehm und wichtig finden und auch wenn sie bei dem Stichwort „Beziehung" Unterschiedliches assoziieren – die einen denken an eine lebenslange monogame Ehe, die anderen an periodische Flirts oder auch an so eine Art „Haremsleben" (vgl. S. 28 f.). Da Sexualität vom Ursprung her auf Fortpflanzung angelegt ist, verwundert es nicht, dass der Mensch sexuelle Wünsche und Sehnsüchte in der Regel auf einen anderen Menschen richtet. Darüber hinaus ist der Mensch auch unabhängig von seiner Sexualität ein soziales Wesen, das zwar – im Gegensatz zu den Tieren – nicht auf eine einzige, „arttypische" Form des Zusammenlebens festgelegt zu sein scheint, sondern in unterschiedlichen Sozialformen glücklich werden kann, aber ein Leben wie das des „solitär lebenden Hamsters" ist mit Sicherheit nicht seine bevorzugte Lebensform.

Somit gibt es zwischen *Sozialerziehung* und Sexualerziehung viele Überschneidungen, die sich an den bereits diskutierten Zielen von Sexualerziehung ablesen lassen (vgl. S. 25 ff.) und die unter anderem ihren Niederschlag finden in der Wahl der Unterrichtsmethoden (vgl. S. 51).

Familienleben

Die Familie spielt im Leben eines Kindes eine zentrale Rolle und es hat Tradition, Familie auch zu einem zentralen Thema in der Sexualerziehung zu machen (vgl. Richtlinien der Bundesländer). Aber: Wie definiert man heutzutage Familie? Ursprünglich ist damit ein Ehepaar mit seinen leiblichen Kindern gemeint, ergänzt durch Großeltern, Tanten, Onkel, Vettern und Cousinen, Nichten und Neffen. Blutsverwandtschaft, häusliche Gemeinschaft beziehungsweise mehr oder weniger enge Kontakte sind Merkmale von Menschen, die man zur Familie zählt.

Solche Familien (als Groß- oder Kleinfamilie) findet man bevorzugt in älteren Schulbüchern und auch in älteren „Aufklärungsbüchern" für Kinder. In der Lebenswirklichkeit der Kinder findet man sie immer seltener. Allein erziehende Mütter (aus Prinzip oder nach gescheiterter Partnerschaft), allein erziehende Väter (meist nach gescheiterter Partnerschaft), Eltern, von denen nur ein Teil mit dem Kind verwandt ist, Ersatzeltern in Form von Großeltern oder auch Wohngemeinschaften mit gemeinsamer Kindergruppe ersetzen in immer stärkerem Maße das klassische „Elternmodell". Hinzu kommen nach wie vor Kinder, die bei Pflege- oder Adoptiveltern oder in einer Wohngruppe mit familienähnlicher Struktur aufwachsen. In Zukunft wird es sicherlich auch vermehrt Kinder geben, die in einem homosexuellen Umfeld großwerden, da die gesellschaftlichen Vorbehalte gegenüber dem Kinderwunsch homosexueller Männer und Frauen nachlassen und die medizinisch assistierten Formen der Fortpflanzung viele neue Möglichkeiten eröffnen. Als weitere Variable kommt hinzu, dass es auch keineswegs mehr selbstverständlich ist, dass Kinder mit Geschwistern aufwachsen.

Dem muss man im Unterricht und in der Sexualerziehung Rechnung tragen. Selbst wenn man die „klassische" Familie als besonders günstiges Umfeld für die Entwicklung von Kindern ansieht, sofern keine Vernachlässigung oder gar Gewalt im Spiel ist, und man den in unserem Grundgesetz verankerten besonderen Schutz der Familie ernst nimmt, muss man den Kindern gegenüber Formulierungen zum Thema „Familie" finden, die der Vielfalt ihrer Erfahrungen gerecht wird. Die Lehrperson hat kein Recht, eine der Familienformen zu diskriminieren, solange sich die Menschen, die sich als „Familie" zusammengefunden haben, beständig, zuverlässig und möglichst liebevoll umeinander und insbesondere um die beteiligten Kinder kümmern.

„Familienausflug" – Beispiel für die 2. Klasse

Anlässe, über das Leben in der Familie zu sprechen, gibt es viele: „Wir feiern ein Familienfest", „Die Familie wird größer – meine Tante heiratet", „Kinder wachsen in unterschiedlichen Familien auf", „Neugeborene verändern das Familienleben" und so weiter. Die Kinder erzählen z. B. von einem Sonntagsausflug, den sie mit der Familie gemacht haben, und sie sagen, was sie besonders schön gefunden haben und was sie nicht so gut fanden. Es dürfen auch erfundene Elemente in den Berichten sein, damit auch Kinder, die keine Sonntagsausflüge mit der Familie machen, mitreden können. Dann zeigt die Lehrperson auf Folie die vergrößerten Abbildungen 21a und b und organisiert die Gruppenarbeit: Die Kinder arbeiten in Vierergruppen zusammen. Ein Kind pro Gruppe entscheidet sich für Bild a, ein anderes für Bild b. Bei Bild b muss sich der Schüler beziehungsweise die Schülerin auch noch aussuchen, welches der Kinder von seinem Ausflug erzählen soll.

Beide Kinder denken sich dann schöne und weniger schöne Erlebnisse bei dem jeweiligen Sonntagsausflug aus und erzählen davon ihrer Gruppe. Die Gruppe diskutiert über die Erzählungen. Die Lehrperson geht von Gruppe zu Gruppe und beteiligt sich zeitweise an dem Gespräch. Bei den Erzählungen und Diskussionen spielt es bestimmt eine Rolle, dass das Kind auf Bild a mit

Abbildungen 21 a und b

seiner Mutter allein unterwegs ist, während das Kind auf Bild b mit mehreren Kindern und Erwachsenen zusammen den Ausflug macht. Dass es sich in beiden Fällen um die jeweilige „Familie" handelt, kann nochmals betont werden. In einer Abschlussrunde fragt die Lehrperson, welcher Ausflug der schönere gewesen ist. Dieses Gespräch sollte darauf hinauslaufen, dass es bei beiden Formen des Familienausflugs positive und weniger erfreuliche Begleiterscheinungen für Kinder gibt, so dass man keine grundsätzliche Bewertung vornehmen kann. Sollten sich einzelne Kinder darauf versteifen, die eine oder andere Familienform schlecht zu machen, sollte die Lehrperson darauf verweisen, dass jede Schülerin und jeder Schüler später einmal die Familie aufbauen kann, die ihr oder ihm am besten gefällt. Die Kinder erkennen: Familien können sich sehr unterschiedlich zusammensetzen. Alle Familien-

82

formen haben für Kinder gute und weniger gute Seiten. Weitere Ergänzungen können durch Kinder anderer Kulturkreise erfolgen, indem sie von den Familien bei sich zu Hause erzählen.

„Wir sollten uns einigen." – Beispiel für die 4. Klasse

Völlig unabhängig von ihrer Zusammensetzung oder Größe ist die Familie vor allem auch „Trainingslager" zum Sammeln von Grunderfahrungen des menschlichen Zusammenlebens und zum Einüben sozialer Kompetenzen: Kinder und Eltern zeigen einander Zuneigung und Ärger, verursachen gegenseitig Freude und Kummer und tragen Konflikte miteinander aus (Abbildung 22). Das alles kann man im Unterricht thematisieren, um den Kindern zu helfen, ihre Erfahrungen zu reflektieren und mit denen anderer Kinder zu vergleichen. Auch das Verhältnis der Geschwister zueinander ist in diesem Zusammenhang ein wichtiges Thema.

Die Lehrperson zeigt der Klasse ein DIN-A4-Blatt, auf dem in deutlicher Schrift geschrieben steht: Bitte erst anklopfen! An den Ecken weisen Spuren darauf hin, dass das Blatt irgendwo angeheftet war. Die Kinder beschreiben das Schild und stellen Vermutungen an, wo so ein Zettel hängen könnte. Es sollen verschiedene Lösungen genannt und erläutert werden (an einer Bürotür; an einer Toilette in der Schule, die man nicht abschließen kann; an der Schlafzimmertür der Eltern; an einem Kinderzimmer und andere mehr). Die Lehrerin fragt: „Könnt ihr euch vorstellen, dass so ein Zettel Ärger macht?" Die Kinder werden eher dazu tendieren, den Zettel für eine vernünftige Sache zu halten, der Ärger verhindert. Dann verteilt die Lehrerin Kopien von Abbildung 22 für die Partnerarbeit mit dem Hinweis: „Hier seht ihr eine Situation, in der sich jemand über so einen Zettel ärgert."

Abbildung 22

83

Die Kinder besprechen untereinander die abgebildete Szene und überlegen, wie die Geschichte weitergeht. Dann spielen mehrmals je zwei Kinder den Dialog zwischen Vater und Tochter. Die Zuhörer diskutieren den Verlauf der Gespräche. Schlecht wäre ein Verlauf, in dem der Vater den Zettel einfach abreißt. Schlecht wäre auch ein lautes Gezänke zwischen Vater und Tochter, bei dem beide wütend auseinander gehen. Gut ist der Verlauf, wenn der Vater ruhig nach den Gründen fragt und Laura genauso ruhig dafür einsteht, dass sie in Zukunft gerne „gefragt" oder zumindest „gewarnt" werden möchte, bevor jemand ihr Zimmer betritt, während sie selber da ist. Sie kann darauf verweisen, dass auch die Eltern wünschen, dass an ihrem Schlafzimmer angeklopft wird.

Andere Konfliktsituationen, die typischerweise in der Familie auftreten, können anschließend in ähnlicher Weise bearbeitet werden (zum Beispiel mit Hilfe von Material 6.1, ETSCHENBERG 1996b).

Dass man bei diesen familienbezogenen Themen darauf achtet, dass Kinder keine Intimitäten ihrer Eltern ausplaudern, ist selbstverständlich. Es sei nochmals auf die besondere Rolle von Material hingewiesen, das den Kindern „Übertragungen" ermöglicht (s. Abbildung 23; vgl. S. 52 ff.).

Am Ende einer Klassenfahrt

Abbildung 23

Freundschaftliche Beziehungen und Gefühle

Soziale Kompetenzen, die für das Sexualleben in einer Partnerschaft von besonderer Bedeutung sind, erwirbt man vor allem in Freundschaften mit Menschen, zu denen kein Abhängigkeitsverhältnis besteht, es kein „Machtgefälle" auf Grund des Altersunterschiedes gibt, Zuneigung immer wieder erworben werden muss und Bewährungsproben zu überstehen hat. Hier geht es um einen *ständigen Ausgleich* zwischen Eigenständigkeit und Anpassung, aber auch um Eifersucht und Trennung und auch um den Aufbau neuer freundschaftlicher Beziehungen.

Zu diesem Themenkreis gibt es praktisch in allen Materialien für die Grundschule inzwischen Anregungen. „Ben liebt Anna" von P. HÄRTLING ist schon fast ein Klassiker zu diesem Thema, der im Deutschunterricht gelesen werden kann. In „Du und ich – wir beide" (ETSCHENBERG 1996a und b) durchziehen solche Freundschaften mit ihren Höhen und Tiefen mit jeweils einem Freundespaar das ganze Material.

Eng damit verbunden ist der Themenbereich Gefühle. „Eine offene, unterdrückungsfreie und für alle Beteiligten gleichermaßen befriedigende Beziehung kann nur verwirklicht und erfahren werden, wenn in dieser Beziehung die Möglichkeit besteht, die eigenen Gefühle, Wünsche und Befürchtungen freimütig auszusprechen" (SCHWÄBISCH/SIEMS 1978, S. 47). Was aber ist mit Partnern und Partnerinnen, die zwar ihre Gefühle, Wünsche und Bedürfnisse aussprechen *dürften*, weil die Beziehung dies zulässt, es aber *nicht können*, weil sie keinen „Zugriff" auf ihre Gefühle haben? Es ist ein betrübliches Phänomen, dass viele Menschen – Männer mehr als Frauen – offenbar gar nicht merken, was sie fühlen und deshalb weder angemessen mit ihren Gefühlen umgehen noch über sie sprechen können. Eine weitere Gruppe hat zwar Zugang zu den eigenen Gefühlen und sie leben auch in einer Partnerschaft, die das Sprechen über Gefühle zulassen würde, aber im Laufe ihrer Erziehung haben sie verinnerlicht, dass „man über so etwas nicht spricht".

Bei der Gestaltung einer Beziehung, Freundschaft oder Partnerschaft im Sinne des obigen Zitats können wir Kindern in der Grundschule nicht helfen, wohl aber dabei, Gefühle bei sich und anderen zuzulassen, wahrzunehmen und in ihre Kommunikation einzubeziehen. Die Entscheidung, in bestimmten Situationen Gefühle „draußen vor zu lassen", kann dann immer noch gefällt werden.

Es wäre schön, wenn dieses Thema nicht nur in vereinzelten Unterrichtssequenzen, sondern möglichst häufig in verschiedenen Fächern behandelt und auch bei sich bietenden Gelegenheiten im Schulalltag zum Gesprächsgegenstand gemacht würde (vgl. Fallbeispiel „Stotterer", S. 39). Dabei brauchen Jungen oftmals besondere Förderung und Ermutigung, weil sich viele von ihnen deutlich schwerer tun als Mädchen mit dem gedanklichen und sprachlichen „Zugriff" auf Gefühle. Bei dieser Förderung ist darauf zu achten, dass

Jungen nicht anfangen, der Lehrperson zuliebe über ihre angeblichen Gefühle zu reden, ohne in wirklichem Kontakt mit sich selbst zu sein. Damit würde man diesen Jungen und ihren zukünftigen Partnern und Partnerinnen keinen guten Dienst erweisen.

Zwei Ansätze beim Thema Gefühle kann man unterscheiden:

1. *Zeig, was du fühlst.* Unter diesem Motto werden Spiele angeboten, bei denen Kinder entweder selbst Gefühle darstellen oder dargestellte Gefühle anderer identifizieren sollen. In dem Spiel auf S. 103 geht es vor allem darum, ein Gefühl hochkommen und es so deutlich werden zu lassen, dass andere es erkennen.

2. *Sag, was du fühlst.* Unter diesem Motto werden Kinder dazu ermutigt, ihre Gefühle, die mit einem Partner oder einer Partnerin zu tun haben, auszudrücken. Beispielhaft für viele reale oder fiktive Situationen, die man in diesem Sinne nutzen könnte, ist die auf Abbildung 24. In solchen Situationen ist es typisch, dass entweder gar nichts gesagt, aber viel gedacht oder irgendetwas Belangloses gesagt und in Wirklichkeit etwas ganz anderes gedacht wird. Dies kann sich als sehr belastend auf Beziehungen auswirken und die Schule würde sicherlich einen wertvollen Beitrag zur zufriedenstellenden Gestaltung des Sexuallebens beitragen, wenn sie die Kinder in diesem Punkt „trainieren" würde.

Abbildung 24

Mit diesem Akzent kann zum Beispiel das Spiel von den Elefanten auf dem Spinnennetz (S. 105) durchgeführt werden. Da nicht alle Kinder der Klasse von einem „Elefanten" zum Mittanzen aufgefordert werden, entstehen oft Ängste und „wehe Gefühle": Holt er oder sie mich zum Tanzen oder nicht? Selbst wenn von einem gewissen Punkt an alle Kinder unabhängig von einer

Aufforderung durch ein anderes Kind mittanzen dürfen, kann man im Anschluss an das Spiel im Stuhlkreis miteinander besprechen, wie sich die Kinder bei dem Spiel gefühlt haben.

Fremdbestimmung, Ausbeutung, Missbrauch, Gewalt

Bei der Wahl der Überschrift hatte ich Probleme, wie man an der Aneinanderreihung inhaltlich ähnlicher Begriffe sieht. Ich konnte mich nicht für den einen oder anderen Begriff entscheiden. Die Begründung ist einfach, aber betrüblich: Das, was hier angesprochen werden soll, entzieht sich einer klaren Begrifflichkeit. Gemeint ist das Problem, dass Kinder auf Grund ihrer *körperlichen und psycho-sozialen Unterlegenheit* und wegen ihres Mangels an Wissen und Menschenkenntnis Übergriffen von Stärkeren und Älteren, insbesondere von Erwachsenen, ausgeliefert sind. Sie können deshalb in sexuelle Handlungen einbezogen werden, die sie entweder gar nicht als solche durchschauen, die sie in ihrer Bedeutung und Wirkung nicht abzuschätzen vermögen, gegen die sie sich nicht wehren können oder nicht wehren zu können glauben und über die sie nicht offen sprechen dürfen, weil der Täter oder die Täterin die Geheimhaltung verlangt, um sich vor Sanktionen zu schützen.

„Neinsagen" heißt die Zauberformel, die in der Fachliteratur immer wieder beschworen wird. Die Kinder sollen lernen, nein zu sagen, wenn sie ein schlechtes Gefühl bei einem Kontakt haben und wenn sie zum Hüten eines „schlechten Geheimnisses" aufgefordert werden. Inzwischen gibt es einige sehr gute Materialien zur praktischen Umsetzung dieses Konzeptes (unter anderem AJS Baden-Württemberg; BRAUN 1989; BRAUN/WOLTERS).

Exkurs

Das Konzept vom Neinsagen erfasst nur einen Teil der Situationen, die mit den oben aufgeführten Begriffen zu tun haben oder die man diesen Begriffen zuordnen kann, wenn man einen entsprechenden Maßstab anlegt.

Wenn ein Kind gar nicht merkt, dass es sexuell ausgebeutet wird (zum Beispiel von dem Großvater, der ihm Taschengeld gibt, wenn es auf seinem Schoß „Hoppe-hoppe-Reiter" spielt), oder wenn es durch Bezugspersonen von klein auf an sexuelle Handlungen mit Erwachsenen gewöhnt worden ist (zum Beispiel durch die Mutter, die sich daran erfreut, wenn der Penis beim Baby durch bestimmte Pflegehandlungen und später beim älteren Jungen durch spielerische „Pflegehandlungen" erigiert, was auch dem Jungen Spaß macht), kommt das Bedürfnis, nein zu sagen, beim Kind gar nicht auf. Es sieht keinen Anlass zum Neinsagen oder will nicht nein sagen, weil ihm die Handlungen angenehm sind.

Es gibt Autoren, die auf Situationen, in denen es zu „einvernehmlichen" sexuellen Handlungen zwischen Erwachsenen und Kindern kommt (wie zum Beispiel zwischen der oben erwähnten Mutter und ihrem Sohn oder auch bei weiter gehenden Handlungen), die Begriffe „sexuelle Gewalt" oder „sexueller Missbrauch" nicht anwenden, weil das Kriterium „gegen den Willen des Kindes" nicht erfüllt zu sein scheint (vgl. WANZECK-SIELERT 1996, S. 121). Bei Definitionen von „sexuellem Missbrauch", die sinngemäß eine solche Formel enthalten, ist davon auszugehen, dass die Autoren es für möglich halten, dass es auch sexuelle Handlungen zwischen Kindern und Erwachsenen geben kann, die keinen Missbrauch darstellen (vgl. Diskussion bei ENDERS 1995; DEEGENER 1998). Ob es diese Form des unschädlichen „einvernehmlichen" sexuellen Handelns zwischen Erwachsenen und Kindern gibt, ist nicht zu beweisen, wobei der Begriff „unschädlich" natürlich auch definitionsbedürftig wäre.

Andere Autoren lassen diese theoretische Möglichkeit nicht gelten und argumentieren so: Kinder können in sexuelle Handlungen mit Erwachsenen gar nicht einwilligen, weil sie nicht wissen, worauf sie sich einlassen. Sexuelle Handlungen zwischen Erwachsenen und Kindern stellen nach ihrer Einschätzung immer eine Manipulation oder Ausbeutung und somit einen Akt der Fremdbestimmung, des Missbrauchs und der Gewalt seitens des beteiligten Erwachsenen dar.

In einer Veröffentlichung der Arbeitsgemeinschaft Kinder- und Jugendschutz NRW (1998) findet man eine interessante Karikatur zu diesem Thema (S. 11). Ein kleiner Junge fordert einen erwachsenen Mann auf, mit ihm zu boxen – ohne natürlich ahnen zu können, was es heißt, wenn ein Erwachsener boxt im Vergleich zu einem Kind. Niemand würde dem Mann – wenn er das Kind schädigt – als Entschuldigung abnehmen, das Kind habe doch auch selber boxen wollen. Man kann dem „Gleichnis" natürlich die Frage entgegenhalten, warum ein erwachsener Mann nicht auch so mit einem Kind boxen können sollte, dass es keinen Schaden nimmt. An diesem Punkt gibt es derzeit keine Möglichkeit, beim Thema Sexualität vernünftig weiterzudiskutieren: Die Einschätzung negativer Auswirkungen von „gewaltfreien" sexuellen Handlungen zwischen Erwachsenen und Kindern basiert (unabhängig von der Gesetzeslage) auf persönlichen Grundsatzentscheidungen.

Meine eigene Meinung dazu ist die: Solange es nicht erwiesen ist, dass es Kindern schadet, wenn sie keine sexuellen Erfahrungen mit Erwachsenen machen, sollte man immer zuerst davon ausgehen, dass Erwachsene möglicherweise im Eigeninteresse handeln, wenn sie für sexuelle Handlungen zwischen Erwachsenen und Kindern plädieren. Zudem kann man im Voraus nie wissen, ob der Erwachsene die von ihm behaupteten Grenzen einzuhalten weiß.

Neinsagen und Sichwehren auf der Basis schlechter Gefühle passt also nur zu Situationen, die schlechte Gefühle erzeugen, so zum Beispiel wenn der angetrunkene Vater das kleine Mädchen zu sich auf die Couch holt, während er Pornofilme guckt, oder wenn die Tante das Kind auf den Mund küssen will oder der Busfahrer den Mädchen unter die Röcke greift, wenn er ihnen aus dem Bus hilft, oder der Babysitter vor dem Schlafengehen „gründlich" kontrollieren will, ob der Po auch sauber ist, oder der ältere Bruder mit ins Bett kommt und sich an dem Kind selbstbefriedigt mit der Drohung: „Wenn du was sagst, erzähl ich, dass du Spielzeug geklaut hast."

Schwierig wird es auch in solchen Situationen mit dem Neinsagen, wenn das Kind so unterlegen ist, dass sich der Täter (oder in seltenen Fällen auch die Täterin) nichts aus seinem Nein macht, oder wenn das Umfeld das Nein des Kindes und seine Klagen über irgendeine Handlung ignoriert, so wie es in vielen Fällen von sexuellem Missbrauch geschieht. Wenn das Kind jedoch zumindest gelernt hat, dass es nein sagen darf und soll, wenn es sich schlecht bei einer Sache fühlt, und dass es sich von außen Hilfe holen kann ohne Rücksicht auf das Gebot der Geheimhaltung, dann ist es auch in diesen Fällen hilfreich, dem Kind das Neinsagen beizubringen – vorausgesetzt: Man verbindet die Botschaft vom Nein-sagen-dürfen mit der Information, dass niemals das Kind schuld ist, wenn sein Nein nichts bewirkt. Sonst bestünde die besondere Tragik dieser Kinder darin, dass sie glauben, andere Kinder seien so stark, dass ihr Nein etwas bewirkt, sie selbst aber seien sogar dazu nicht in der Lage.

Für ganz junge Kinder mit Missbrauchserfahrung kommt ein solches Lernangebot im Kindergarten oder in der Schule leider meist zu spät. Selbst wenn die Missbrauchssituation fortdauert, können sie vielfach das Lernangebot nicht mehr nutzen, weil sie schon zu „kaputt" sind oder sie sich mit der Situation arrangiert haben. Letzteres kann durchaus der Fall sein, wenn dem Kind körperlich nicht wehgetan wird und es die entsprechende Person „liebt".

Eine besondere Dimension des Problemkreises Fremdbestimmung, Ausbeutung und Missbrauch ergibt sich durch sexualpädagogisch motivierte Maßnahmen, in denen die Sexualität des Kindes bewusst angesprochen und sexuelle Empfindungen aktualisiert werden (vgl. S. 52 ff.). Es wäre mehr als fatal, wenn man durch Zulassen bestimmter Übungen und Methoden Kinder „Wölfen im Schafspelz" ausliefern würde. Denn wie soll sich ein Kind gegen Erzieher oder Lehrerinnen wehren, die sie ermuntern, Nacktfotos von sich mitzubringen, damit sie alle zusammen eine „schöne sommerliche" Collage zusammenkleben können oder damit sie ein Ratespiel machen können wie „Welcher Po gehört wem in der Klasse?" (vgl. hierzu KLEINSCHMIDT u. a. 1994, S. 90).

Die Lehrperson weiß in der Regel nichts von Missbrauchserlebnissen der Kinder. Vielleicht erfährt sie etwas über den Exhibitionisten, der den Kindern am Friedhof auflauert, oder über einen alten Mann im Schulbezirk, der kleinen Mädchen, die Röcke tragen, Bonbons schenkt, damit sie auf dem Spielplatz den Aufschwung üben, während er zusieht. Über solche Vorfälle kann man mit den Kindern offen reden. Man kann ihnen Empfehlungen für ihr Verhalten geben, zum Beispiel wegzusehen oder rasch weiterzugehen (im Falle eines Exhibitionisten), Bonbons abzulehnen von dem Mann, der ihnen zusehen will, und ihn aufzufordern, sie in Ruhe zu lassen. Die Lehrperson kann ermuntern oder auch dabei helfen, die Eltern oder die Polizei einzuschalten. Die Täter kann man den Kindern gegenüber als krank, vielleicht auch als sehr einsam bezeichnen, auf jeden Fall aber als Menschen, die Grenzen überschreiten und etwas tun, was sie nicht tun dürfen, weil sie andere damit belästigen.

Nur in Ausnahmefällen wird der Lehrperson etwas auffallen, was sich eindeutig als Folge oder Begleiterscheinung von sexuellem Missbrauch bemerkbar macht.

Hier möchte ich aber auch nicht weiter darauf eingehen, wie man intervenieren kann oder soll, wenn der Verdacht auf eine Missbrauchssituation aufkommt. Dazu gibt es genügend Spezialliteratur und man sollte sich mit Fachleuten außerhalb der Schule in Verbindung setzen (vgl. ENDERS 1995).

Wichtig ist, davon auszugehen, dass mit großer Wahrscheinlichkeit einzelne Kinder der eigenen Klasse von dem Thema persönlich betroffen sind oder in Zukunft betroffen sein werden. Wichtig ist aber auch, sich vor Augen zu halten, dass die Mehrzahl der Kinder nicht persönlich betroffen ist oder sein wird.

Somit ist ein *Balance-Akt* bei der Behandlung des Themas angesagt: Einerseits sollen Hilfen gegeben werden, mit einer Missbrauchssituation fertig zu werden, andererseits sollen Kinder nicht unverhältnismäßig stark mit dem Thema befasst oder gar belastet werden. Zu bedenken gilt, dass man unter dem Vorwand, etwas gegen sexuellen Missbrauch in der Familie unternehmen zu wollen, „repressive" Sexualerziehung legitimieren kann: Die Warnung vor dem „Missbraucher" in der eigenen Familie kann durchaus dazu führen, dass zwischen Kind und Vater oder Mutter Argwohn gesät und der unbefangene zärtliche Kontakt zwischen Vater oder Mutter und Kind abrupt zerstört wird.

Ich persönlich konfrontiere Kinder ohne einen aktuellen Anlass oder eine gezielte Frage ihrerseits nicht ausdrücklich mit dem Thema des sexuellen Missbrauchs. Stattdessen bevorzuge ich methodisch den Weg, über ein anderes Thema in das Problem „Fremdbestimmung" einzusteigen und es den Kindern und der sich ergebenden Diskussion zu überlassen, inwieweit der Spezialfall des sexuellen Missbrauchs angesprochen wird.

Dieses Verfahren sollte über die Grundschulzeit hinweg *mehrfach* eingesetzt werden, damit die Kinder auf Grund von Erfahrungen aus jeweils jüngster Vergangenheit oder durch ihren zwischenzeitlich erweiterten Problemhorizont in allen Jahrgängen Gelegenheit bekommen, sich mit dem Thema zu befassen und sich auszusprechen.

So kann man zum Beispiel im 1. und 2. Schuljahr unter dem Motto „Ich passe auf mich auf" außer über die Beachtung der Ampel am Fußgängerüberweg auch darüber sprechen, warum man nicht zu vertrauensselig fremden Menschen oder Menschen gegenüber, die sich komisch benehmen, sein sollte. Unter dem Motto „Ich bin kein kleines Kind mehr" kann man neben der Selbstständigkeit bei der Körperpflege oder beim Essen auch darauf zu sprechen kommen, dass man selbst mitentscheidet, zu wem man in der Familie zärtlich sein will und zu wem lieber nicht (s. dazu „Mein Körper gehört mir!" von PRO FAMILIA). Man braucht sich nicht von jedem, der will, „abküssen" zu lassen und so weiter – auch nicht von Gleichaltrigen.

Im 3. oder 4. Schuljahr können sich Gesprächsanlässe aus inhaltlich nicht weiter vorstrukturierten Konfliktsituationen zu Hause ergeben, die in verschiedener Weise von den Kindern interpretiert werden können (vgl. auch Abbildung 23, S. 84). Um die direkte Abwehr von Körperkontakt geht es in Abbildung 25, die unter der Überschrift steht „Nicht jeden muss man mögen".

Abbildung 25

Geplante Anlässe, über sexuellen Missbrauch zu sprechen, sollte Kindern erst gegeben werden, wenn sie über den Geschlechtsverkehr aufgeklärt sind, damit dieses Thema nicht ausgerechnet über einen negativen Kontext erstmals in der Klasse zur Sprache kommt. So eine ungünstige Situation könte eintreten, wenn ein Kind frühzeitig von Hause aus über das Thema umfassend informiert ist oder gerade ein Bericht mit allen Details zu einem aktuellen Fall im Fernsehen gesendet wurde und von den Kindern angesprochen wird. Hier kann ich wieder nur dafür werben, über den Themenkomplex Geschlechtsverkehr so früh wie möglich aufzuklären.

Mit Definitionen zum Missbrauch sollte die Lehrperson vorsichtig sein, weil betroffene Kinder in der Klasse sehr wahrscheinlich unterschiedliche Erfahrungen gemacht haben (siehe oben), auf die möglicherweise die Definition nicht zutrifft. Deshalb muss der Sachverhalt mehrfach umschrieben werden.

Hier ein Formulierungsvorschlag, bei dem bewusst eine geschlechtsneutrale Bezeichnung für die Täter und Täterinnen benutzt wird.

Es gibt Menschen, die wollen Kinder anfassen und streicheln, oder sich von ihnen anfassen und streicheln lassen, obgleich die Kinder das gar nicht mögen. Oder die wollen sogar Geschlechtsverkehr mit einem Kind haben, obgleich dem Kind das sehr wehtut. Oder sie wollen das Kind nackt fotografieren, wozu das Kind gar keine Lust hat. Oder sie wollen mit dem Kind zusammen im Bett liegen und es an sich drücken, obwohl das Kind sein Bett für sich allein haben will. Das alles ist schlimm für ein Kind. Und Erwachsene dürfen das auch nicht. Das wissen die Erwachsenen. Deshalb verlangen sie, dass das Kind nichts weitererzählt. Erwachsene, die so etwas machen, sind feige, weil sie das alles mit einem hilflosen Kind machen und es gar nicht erst bei einem anderen Erwachsenen versuchen. Kein Kind braucht sich das gefallen zu lassen. Es kann sich wehren und es kann einen anderen Erwachsenen um Hilfe bitten. Es ist überhaupt nicht verpflichtet, das Geheimnis für sich zu behalten.

Sollte bei den von mir hier vorgeschlagenen verdeckten Anlässen kein Kind von sich aus auf die Möglichkeit des sexuellen Missbrauchs kommen, so kann die Lehrperson einen Impuls in diese Richtung geben, so zum Beispiel zu der Abbildung 25.

Es ist gut, dass Paul sich gegen den Mann wehrt. Er kann ja nicht wissen, was der noch alles von ihm will. Er respektiert jedenfalls nicht, dass Paul nicht angefasst werden will. Was könnte denn noch Unangenehmes passieren?

Entweder bringen Kinder dann von sich aus Beschreibungen für den sexuellen Missbrauch oder die Lehrperson trägt eine Beschreibung in der oben vorgegebenen Formulierung sinngemäß vor. Es ist darauf zu achten, dass die Opferrolle sowohl auf Jungen als auch auf Mädchen passen muss. Ergänzend zu den Anregungen, die bereits vorliegen, kann man die Übung „Berührungen" (s. S. 104) durchführen: Kinder lernen, angenehme und unangenehme Berührungen zu unterscheiden und werden angeregt, diese Unterscheidung auf ihren Alltag anzuwenden.

15 Thema: Ein „richtiger" Junge, ein „richtiges" Mädchen

Bei den Überlegungen zum Thema „Sexualwesen Grundschulkind" (S. 18 ff.) wurde auf die Unterscheidung von biologischem und sozialem Geschlecht hingewiesen. Diese Unterscheidung findet ihre Entsprechung bei den Themen der Sexualerziehung in der Grundschule, wenn – in Übereinstimmung mit den Richtlinien – gewünscht wird, dass auch das geschlechtstypische Verhalten von Jungen und Mädchen diskutiert und in Frage gestellt werden soll.

Geschlechterrolle

Was ist schlimm daran, wenn ein Junge lieber Fußball spielt als mit Puppen und ein Mädchen lieber der Mutter in der Küche hilft als dem Großvater beim Reparieren der Lampe? Gar nichts ist schlimm daran, sofern der Junge das wirklich lieber macht und das Mädchen auch.

Schlimm ist es, wenn der Junge lieber mit Puppen spielen würde und ihm das mit der Bemerkung verweigert wird: „Geh lieber Fußball spielen – du bist schließlich ein Junge." Schlimm ist es auch, wenn die Mutter das Mädchen vom Opa wegruft mit der Begründung: „Kümmer dich um Sachen, die dich als Mädchen angehen – komm in die Küche." Ganz schlimm wird es dann, wenn der Junge auf dem Fußballplatz Mädchen, die gern mitspielen möchten, verscheucht mit der Bemerkung: „Das ist nichts für Mädchen", und ein Mädchen in der Küche den Bruder verjagt mit der Bemerkung: „Hier hast du nichts zu suchen, das ist Mädchensache."

Exkurs

Es hat Tradition, dass Kindern bestimmte Verhaltensweisen zugeschrieben werden in Abhängigkeit davon, ob sie ein Junge oder ein Mädchen sind. Tatsache ist, dass bei männlichen Menschen einige Verhaltensbereitschaften und Fähigkeiten häufiger kombiniert auftreten als bei Frauen und dafür einige andere Verhaltensbereitschaften und Fähigkeiten bei weiblichen Menschen häufiger kombiniert auftreten als bei Männern. Der Grund dafür liegt sicherlich in der Evolution des Menschen: Zu Beginn der Menschheitsgeschichte war im menschlichen Verhalten das Erbe seiner engsten tierischen Verwandten wirksam. Es war vor allem davon bestimmt, dass die Weibchen viele Monate durch die Schwangerschaft und dann lange Zeit durch den pflegebedürftigen Säugling in ihrer Mobilität behindert waren und die Männchen für

Schutz und Nahrung ihrer Nachkommen (und deshalb indirekt auch für die der Weibchen) sorgen mussten.

Diese „Rollenverteilung" war zweckmäßig und verfestigte sich dadurch, dass diejenigen Männer und Frauen, die diese Rollen bereitwillig und gut ausfüllten, besonderen Erfolg bei Partnerwahl und Fortpflanzung hatten. Somit wurden diese Bereitschaften und Fähigkeiten bevorzugt vererbt. Sie vererbten sich auch weiter, als die Lebensbedingungen sich änderten: Heute brauchen wir keine Männer mehr, die mit Körperkraft und Aggression jagen, kämpfen und Fallen stellen, und Frauen haben es nicht mehr nötig, im eigenen Interesse und im Interesse der Kinder dem „Ernährer" zuliebe „das Haus zu hüten".

Nun stehen wir vor der komplizierten Situation, dass die ursprüngliche Rollenverteilung bei Mann und Frau zu Gewohnheiten und gesellschaftlichen und kulturellen Festschreibungen geführt hat und in bestimmten Bereichen Männern und Frauen zu Vormachtstellungen und Privilegien dem jeweils anderen Geschlecht gegenüber verholfen haben, die heute keine vernünftige Legitimation mehr haben. Diese Gewohnheiten und Vormachtstellungen werden aber nur sehr ungern aufgegeben, und es werden große Anstrengungen unternommen, die Rollenverteilung so zu lassen, wie sie ist. Beeindruckend sind die Bemühungen der „Männerwelt", die Dominanz der Männer zu retten, die vor allem an den so genannten Schaltstellen der Macht (Politik, Medien) nicht zu übersehen ist.

„In jeder Gesellschaft werden die offensichtlich biologischen Unterschiede zwischen Männern und Frauen dazu benutzt, ihnen unterschiedliche soziale Rollen zuzuweisen, durch die ihre Einstellungen und ihr Verhalten geformt werden. Das bedeutet, keine Gesellschaft gibt sich mit den natürlichen Unterschieden zwischen den Geschlechtern zufrieden, sondern fügt noch eine zusätzliche, kulturell und sozial bestimmte Unterscheidung der Geschlechter hinzu. Die einfachen körperlichen Faktoren werden so immer mit komplexen psychischen Eigenschaften in Zusammenhang gebracht. Für einen Mann reicht es nicht aus, männlichen Geschlechts zu sein, er muss auch maskulin erscheinen. Eine Frau muss, außer weiblichen Geschlechts zu sein, sich auch feminin verhalten" (HAEBERLE 1985, S. 309).

In der Sexualerziehung fand dieser Mechanismus noch in jüngster Vergangenheit seine Fürsprecher: „Als Kleinkinder spielen Bub und Mädchen mit Teddybären. Bald aber wünscht sich das Mädchen eine Puppe. Der Bub bleibt beim Teddy ... Wenn sie wieder ein Stück älter geworden sind, fängt das Mädchen an mit Stricken und Sticken ..., und der Bub beginnt mit Laubsägen, baut sich einen Drachen ... und wird meist ein Bastler" (SEELMANN 1968, S. 14). Für Männer und Frauen galt: „Er (der Vater) kennt sich im öffentlichen Leben aus und erreicht auch mehr, wenn er einmal mit dem Lehrer oder Direktor der Schule spricht... Manchmal muss ihn auch die Mutter fragen, wenn sie sich nicht ganz im Klaren ist... So ist die Mutter unsere Vertraute und der Vater unser Vorbild" (a.a.O., S. 39 ff.).

Erfreulicherweise werden aber inzwischen auch große Anstrengungen unternommen, Männer und Frauen aus den Zwängen der archaischen Rollenverteilung zu befreien. Dass die Rollenverteilung für viele ein Zwang sein kann, wird niemand leugnen: Es gibt viele Männer, die nicht zu „typisch männlichen" Verhaltensweisen neigen, und Frauen, die sich nur ungern „typisch weiblich" verhalten. Das liegt zweifellos daran, dass Männer und Frauen grundsätzlich über die gleichen Fähigkeiten und Neigungen verfügen und ihre Bereitschaft zu „typisch männlichem" und „typisch weiblichem" Verhalten unter den modernen gesellschaftlichen Bedingungen keinen „Selektionsvorteil" mehr darstellen.

Hier setzt Sexualerziehung – vielleicht passt an dieser Stelle sogar besser der Begriff Geschlechts- oder Geschlechtererziehung – in dem zum Thema „Ziele" diskutierten Sinne an (vgl. S. 25 ff.):

1. Kein Mensch ist verpflichtet, nur wegen seines Geschlechts bestimmte Dinge zu tun oder zu lassen.
2. Kein Mensch hat das Recht, auf Grund seines Geschlechts Vorteile in Anspruch zu nehmen.
3. Das Verhältnis der Geschlechter soll durch Partnerschaftlichkeit bestimmt sein.

An dieser Stelle muss nochmals auf die Bedeutung des Themas „Geschlechtsunterschiede/Geschlechtsorgane" (vgl. S. 64 ff.) verwiesen werden. Die Einteilung in „männlich" und „weiblich" erfolgt auf der Basis des sichtbaren anatomischen Geschlechtsunterschiedes zur Zeit der Geburt. Je weniger Bedeutung diesem anatomischen Unterschied zugemessen wird und je überzeugender die Gemeinsamkeiten dargestellt werden, um so leichter fällt die Vermittlung der Botschaft: „Ob bei dir ein Glied sichtbar ist oder nicht, spielt nur für die Fortpflanzung eine Rolle. Für das, was du aus deinem Leben machst, aber nicht. Da entscheidest du nach deinen Neigungen, Fähigkeiten und Möglichkeiten, womit du spielst, was du lernst, welche Arbeit du tust. Lass dir nicht einreden, du müsstest etwas tun oder lassen, weil du ein Junge oder weil du ein Mädchen bist. Wenn dir jemand begegnet, der das von dir verlangt, darfst du dich dagegen wehren."

Diese Botschaft soll Kinder entlasten. Zweifellos kann sie auch zu Verunsicherungen führen, weil das Sicheinfügen in vorgegebene Rollen durchaus hilfreich sein kann, weil man sich nicht selbst entscheiden muss. Hier ist wieder einmal einer der vielen Balance-Akte der Sexualerziehung gefordert.

Einerseits: Kinder, die offenbar die typische Rolle als Mädchen oder als Junge übernehmen, sollte man deshalb nicht tadeln oder abwerten. Nur wenn sie Verhaltensweisen zeigen, die gegen Prinzipien der Partnerschaftlichkeit, Toleranz und Rücksichtnahme verstoßen, ist Diskussion und eventuell Zurechtweisung angebracht. Man sollte diese Kinder aber immer wieder ermutigen, auch einmal in eine andere Rolle zu schlüpfen und Neues auszuprobieren: Jungen werden zum Beispiel angeregt, Handarbeiten zu machen oder sich zum Tanzen auffordern zu lassen, Mädchen, technische Aufgaben zu lösen oder einen Jungen, den sie nett finden, anzusprechen. Vielleicht entdeckt das eine oder andere Kind dabei überraschende „Lustgefühle" bei eigentlich untypischen Verhaltensweisen und fängt an, sich zu „emanzipieren".

Andererseits: Die Lernangebote und Anregungen in der Schule (auch durch das persönliche Beispiel der Lehrperson) sollten grundsätzlich so sein, dass keine Rollenklischees unterstützt oder sogar „beigebracht" werden. Vielmehr sollte – als Gegengewicht zu den immer noch wirksamen, z. T. sehr subtilen

Einwirkungen seitens der Gesellschaft – die Schule nachdrücklich auf Befreiung der Jungen und der Mädchen von Rollenzuweisungen hinwirken.

Sexuelle Orientierung

In diesem Kontext sei der Umgang mit dem Thema Homosexualität in der Grundschule angesprochen, auch wenn die sexuelle Orientierung eigentlich nichts mit der Geschlechterrolle zu tun hat (vgl. S. 20).

In der Praxis der Sexualerziehung vermischen sich die Themen aber häufig: „Wenn du später einmal eine Freundin hast, ... (Adressat: ein Junge), „Wenn du später mal einen Mann hast, ... (Adressat: ein Mädchen), „Wenn du später mal eigene Kinder hast, ...“ (Adressat: Junge oder Mädchen). Die (heterosexuelle) Partnerwahl wird „wie selbstverständlich“ an das biologische Geschlecht gekoppelt und wirkt auf die Kinder genauso wie andere Verhaltenserwartungen: Sie verinnerlichen auch diese Erwartung als Erwartung an sich selbst mit dem Ergebnis, dass sie in oder nach der Pubertät große Probleme haben, wenn sie spüren, dass sie homosexuell empfinden oder sind.

Ein selbstbestimmtes Gestalten des Sexuallebens und der Beziehung zu den Geschlechtern wird durch solche „Vorab-Festlegungen“ sehr erschwert, und das ist letztendlich nicht zu rechtfertigen: Die sexuelle Orientierung wird mit Sicherheit nicht durch solche Reden beeinflusst, weil sie in frühester Kindheit, vielleicht sogar schon vor der Geburt festgelegt wird, höchstens das *Handeln*.

Selbstverständlich kann man Menschen – zumindest für eine Zeit lang – von homosexuellen Handlungen „abschrecken“, wenn man ihnen lange und nachdrücklich genug einredet, nur heterosexuelles Handeln sei „normal“ und „in Ordnung“, aber man kann ihre Sehnsucht danach nicht ersticken.

Die Zeiten, in denen sich Menschen entgegen ihrer Neigung heterosexuell verhalten, um rational nicht nachvollziehbaren und nicht begründbaren moralischen Normen Genüge zu tun, und die sich und ihre (nicht begehrten andersgeschlechtlichen) Partner dadurch unglücklich machen, sollten eigentlich vorbei sein. Deshalb sollte man in der Sexualerziehung das Thema „fair“ behandeln, nämlich so, dass sich Kinder, bei denen später eine homosexuelle Neigung offenkundig wird, genauso angenommen und angesprochen fühlen wie die heterosexuell veranlagten. Das wird ihnen natürlich in der aktuellen Unterrichtssituation nicht bewusst, weil ihnen ihre eigene sexuelle Orientierung auch noch nicht bewusst ist. Sie werden aber die Auswirkungen später spüren: Entweder schleppen sie viele „kleine“ Vorverurteilungen und Abwertungen mit sich herum, die ihnen von Lehrpersonen und Mitschülern aufgebürdet wurden und von denen sie sich bei ihrem Coming-out mühsam befreien müssen. Oder sie konnten Akzeptanz und Ermutigung zu einem selbstbestimmten Leben aus dem Unterricht „mitnehmen", die sie bei ihrem Coming-out zumindest nicht belasten (vgl. ETSCHENBERG 1995a).

In der Elternarbeit sollte man darauf hinweisen, dass es auch im Interesse der Eltern ist, wenn die Schule gleichgeschlechtliche Beziehungen gleichwertig neben heterosexuelle Beziehungen stellt.

1. Das entlastet die Elternhäuser, in denen Kindern gleichgeschlechtliche Partnerschaften vorgelebt werden.
2. Eltern haben es „auszuhalten", wenn ihre Kinder im Laufe der Jugendzeit die Schwierigkeiten eines Coming-out durchmachen. Lehrer und Lehrerinnen der Grundschulzeit sind dann inzwischen schon längst aus der Verantwortung entlassen. Wenn sie die Kinder durch ihre Art des Umgangs mit dem Thema belastet haben, dann haben es die Eltern „auszubaden".

Noch eines sollte man bedenken: Wenn man die gesamte Sexualerziehung in der Schule stillschweigend auf heterosexuelle Menschen bezieht, können Kinder glauben, auch die Bemühungen um Wertorientierungen bezögen sich ausschließlich auf heterosexuelles Verhalten. Gerade das aber soll eigentlich nicht sein (vgl. S. 25 ff.).

Aus vielerlei Gründen plädiere ich also dafür, das Thema bereits in der Grundschule einzubeziehen. Damit meine ich keine „Unterrichtseinheiten" zum Thema Hetero- und Homosexualität, sondern „Kleinigkeiten", vor allem: Man sollte bei Formulierungen, die sich auf das Sexualleben von Erwachsenen beziehen, nicht von ausschließlich heterosexuellen Verhältnissen ausgehen. Formulierungshilfe zum Thema Hetero- und Homosexualität (vgl. auch Fallbeispiel „Homo-Sexshop", S. 36 f.; Fallbeispiel „schwule Sau", S. 43):

Wenn ihr etwas älter seid, werden sich viele von euch nach einem Menschen sehnen, mit dem sie ganz eng zusammensein und zärtlich sein können. Die meisten Jungen sehnen sich nach einem Mädchen, die meisten Mädchen nach einem Jungen. Wenn das nicht so wäre, gäbe es sicherlich viel weniger Menschen, weil nur Männer und Frauen zusammen Kinder kriegen können. Einige Jungen werden sich aber nicht für Mädchen interessieren, sondern sehnen sich nach einem anderen Jungen, und einige Mädchen werden sich nicht für Jungen interessieren, sondern verlieben sich nur in Mädchen. Manche Menschen verlieben sich zeitweise in einen Menschen des anderen Geschlechts und dann wieder in einen des eigenen Geschlechts. Wie es bei euch selbst einmal sein wird, müsst ihr abwarten. Das wird sich im Laufe der Pubertät oder auch erst später herausstellen.

Was heißt „normal"?

Hier sei auf die *problematische Wirkung* des Wortes „normal" hingewiesen. Wie leicht geht es einem von den Lippen zu sagen: „Es ist normal, dass ein Mensch heterosexuell ist." Oder: „Normale Jungen und Mädchen sind heterosexuell." Wenn man die rein zahlenmäßige Mehrheit, also die „statistische" Norm meint, wie bei dem Satz „Es ist normal, dass Menschen sich zu Weihnachten Tannengrün kaufen", ist die Verwendung des Begriffes „normal" eigentlich unproblematisch. So aber wird er in der Regel und vor allem im Kontext mit Sexualität nicht verstanden: „Normal" hat hier leicht einen moralischen Beigeschmack und bedeutet so viel wie natürlich, gesund, ja sogar „gottgewollt". Insgeheim schwingt mit: Wer nicht heterosexuell ist, ist nicht normal, ist anormal, abnorm, krank, schlecht, pervers, sündig. Dabei dürfte eigentlich nur mitschwingen: ist in der Minderheit.

Bei Kindern kann man den Vergleich ziehen zum rechts- oder linkshändig schreiben: Richtig ist, dass die meisten mit der rechten Hand schreiben. Das ist „normal". Richtig ist aber auch, dass viele mit der linken Hand schreiben. Auch das ist normal! Genauso verhält es sich mit Hetero- und Homosexuellen. Da man solch feine sprachliche Differenzierungen aber nicht fortlaufend im Unterricht beachten kann, sollte man als Lehrperson das Wort „normal" in der Sexualerziehung konsequent aus dem Sprachschatz streichen und immer nur – wenn unbedingt erforderlich – Formulierungen mit „die meisten" und „aber auch viele" oder „einige" benutzen. Das käme allen Minderheiten zugute: unter anderem denen, die keine eigenen Kinder haben wollen; denen, die keinen Spaß an der Selbstbefriedigung haben; denen, die keine bildlichen sexuellen Darstellungen mögen; denen, die in ihrem Denken und Handeln in kein Rollenklischee von Mann und Frau passen; denen, die auf bestimmte Rituale beim sexuellen Handeln angewiesen sind (zum Beispiel Fetischisten) und so weiter. Dass es bei den Minderheiten auch Menschen gibt, deren Sexualverhalten problematisch ist (zum Beispiel Exhibitionisten, die andere belästigen) oder kriminell (zum Beispiel Vergewaltiger) oder Ausdruck einer Sucht ist, steht der hier vorgeschlagenen Sprachregelung nicht entgegen.

15 Ein Abschiedswort

Das Thema Sexualität geht jeden Menschen etwas an – ganz persönlich. Es ist spannend und in Teilen auch entlastend oder sogar amüsant, sich mit diesem Thema zu befassen. Mich wundert es immer wieder, dass sich viele Menschen beispielsweise intensiv mit einem Thema wie „Kochen" oder „Stricken" oder „Geschichte der Kreuzzüge" befassen, der eigenen Sexualität gegenüber aber keine Neugier zeigen. Nun gut, das mag bei Menschen, für die Sexualität wirklich nur ein privates Thema ist, verständlich sein – aber bei Menschen, die ständig Einfluss auf die Sexualität anderer, ihnen anvertrauter Kinder nehmen und zwar professionell?

Für diejenigen, die den letzten Satz gelesen haben, gilt die Frage schon nicht mehr, denn sie haben sich ja mit dem Thema befasst, sofern sie das Buch nicht von hinten durchgeblättert und dann auf dieser Seite schon wieder Schluss gemacht haben.

Vielleicht haben meine Ausführungen und Vorschläge Zustimmung erfahren, vielleicht haben sie aber auch dazu geführt, Gegenpositionen und Alternativen zu bekräftigen, oder auch einfach nur zum Nachdenken angeregt.

Da ich nicht sicher sein darf, dass das, was ich zum Thema (heute) denke und gut finde, in jedem Fall und in Zukunft für die schulische Sexualerziehung brauchbar ist, empfehle ich Lehrern und Lehrerinnen, andere Texte zum Thema zu studieren, Konzepte und Argumente zu vergleichen, um dann in bewusster Eigenverantwortlichkeit ihre persönliche Art von Sexualerziehung zu leisten.

Jede Form der Auseinandersetzung würde ich als einen Erfolg ansehen und mich davon überzeugen, dass es sich für mich gelohnt hat, Lebenszeit in das Schreiben des Buches zu investieren. Vielleicht erhalte ich von einer Leserin oder einem Leser eine Rückmeldung, eine Kritik, einen Verbesserungsvorschlag – ich würde mich freuen.

Kopiervorlagen

Die Geschlechtsorgane von Jungen und Mädchen

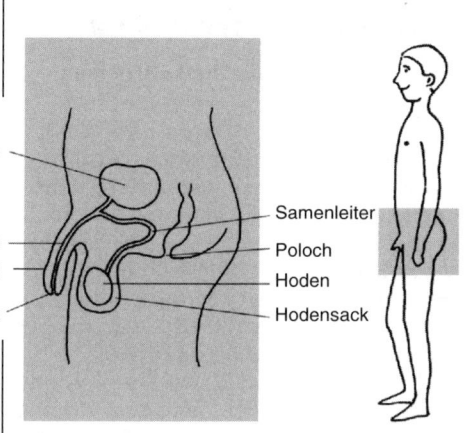

Harnblase

Harnröhre

Glied

Eichel

Samenleiter

Poloch

Hoden

Hodensack

*Abbildung17a:
Junge*

*Abbildung 17b:
Mädchen*

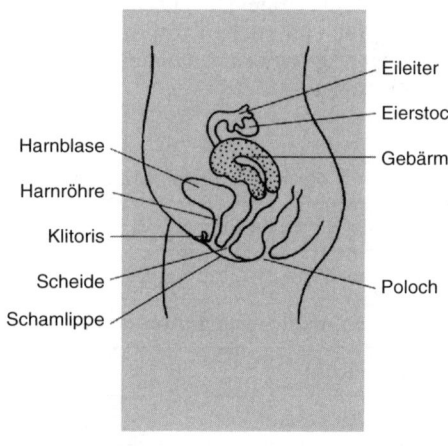
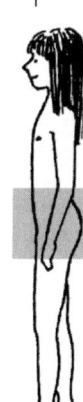

Eileiter

Eierstock

Harnblase

Gebärmutter

Harnröhre

Klitoris

Scheide

Poloch

Schamlippe

Der Geschlechtsverkehr

Hier sind Mann und Frau so gezeichnet, dass man erkennt, wie Scheide und Glied beim Geschlechtsverkehr zusammenpassen. Bei der Frau ist auch die Gebärmutter zu sehen.

Abbildung 18

Ich rede mit dir, aber du kannst mich nicht hören

Anregung zum Thema Körpersprache – Anleitung für die Lehrperson

Die Kinder erhalten paarweise einen Zettel mit einem der unten aufgelisteten Sätze (über den Kopierer vergrößert und einzeln ausgeschnitten). Mindestens die beiden Sätze, die mit S anfangen, sollten nicht verteilt werden, damit das Ratespiel auch am Schluss noch Spaß macht. Die Aufgabe besteht darin, dass eines der beiden Kinder den Satz sinngemäß in Körpersprache umsetzt. Es soll dabei intensiv an den Satz denken, ihn aber nicht aussprechen. Das zweite Kind hilft, eine ausdrucksvolle und deutliche Geste, Mimik und Körperhaltung zu finden, die zum Satz passt. Jedes Paar übt für sich. Nach 10 Minuten setzen sich die Kinder in den Stuhlkreis. Jeweils ein Kind mimt seinen Satz. Alle Sätze stehen ungeordnet auf der Tafel, einer Tapetenrolle oder einer Folie. Die zuschauenden Kinder raten, um welchen Satz es sich handelt und suchen ihn aus der Liste heraus. Nach jeweils drei „Vorstellungen" gibt es eine „Gutachterrunde": Die Kinder machen Verbesserungsvorschläge.

1	Darüber darfst du mit niemandem sprechen.
2	Komm, ich helfe dir.
3	Pass bloß auf, du frecher Kerl.
4	Ich freu mich riesig auf morgen.
5	Blöde Kuh!
6	Schwein gehabt.
7	Lass das!
8	Wehe, wenn du das noch einmal machst.
9	Hilf mir bitte.
10	Soll das etwa zum Lachen sein?
11	Du spinnst ja.
12	Pack mich nicht an!
13	Ich lach mich tot über dich.
14	Gleich hau ich dir eine runter.
15	Hör auf, ich will das nicht hören!

Zeig, was du fühlst

Für die Lehrperson:

Das Blatt mit den Spielszenen wird zerschnitten, so dass einzelne Kinder jeweils eine Aufgabe erhalten. Die Lehrperson kopiert die Aufträge auf Folie und zerschneidet auch die Folie. Jeder Auftrag enthält zwei Schwierigkeiten: Zum einen sollen die Kinder die Situation pantomimisch darstellen (Betreten eines Balkons, Herumtasten im Keller, Telefonieren und so weiter). Zum anderen sollen sie das Gefühl, das sie in dieser Situation haben, ausdrücken (Freude, Angst, Wut, Trauer und so weiter). Die Zuschauer sitzen im Stuhlkreis und erraten Situation und Gefühl. Zur Kontrolle wird nach jedem Spiel die Anweisung mit dem Overheadprojektor für alle sichtbar gemacht. Die Kinder diskutieren dann mit dem Spieler darüber, ob er es deutlich und gut gemacht hat. Die Lehrperson achtet darauf, dass insbesondere über das darzustellende Gefühl diskutiert wird. Eventuell wird es vom gleichen Spieler oder von Zuschauern nochmals dargestellt.

1 Spiele die Szene, und zeige deutlich, welche Gefühle du dabei hast.
Du gehst bei Bekannten auf den Balkon. Es ist ein hohes Haus. Du schaust in die Tiefe. Unten rasen die Autos.

2 Spiele die Szene und zeige deutlich, welche Gefühle du dabei hast.
Das Telefon klingelt. Du hebst ab und erfährst, dass dein geliebter Wellensittich gestorben ist.

3 Spiele die Szene und zeige deutlich, welche Gefühle du dabei hast.
Du bist mit dem Rad unterwegs. Plötzlich donnert und blitzt es über dir und der Regen prasselt auf dich nieder.

4 Spiele die Szene und zeige deutlich, welche Gefühle du dabei hast.
Du öffnest einen Brief von der Oma. Es sind 20 DM drin, du darfst dir kaufen, was du willst.

5 Spiele die Szene und zeige deutlich, welche Gefühle du dabei hast.
Du gehst nach der Schule zu deinem Rad. Schon wieder hat dir jemand die Luft aus den Reifen gelassen.

6 Spiele die Szene und zeige deutlich, welche Gefühle du dabei hast.
Du sitzt vor dem Fernsehgerät. Du langweilst dich und zappst durch die Programme. Du freust dich über einen Witz, dann erschrickst du wegen einer Schießerei, dann ärgerst du dich über einen blöden Zeichentrickfilm.

7 Spiele die Szene und zeige deutlich, welche Gefühle du dabei hast.
Du sollst im Keller eine Flasche Mineralwasser holen. Das Licht geht zu früh aus und du hörst ein merkwürdiges Rascheln. Du hast Probleme, den Lichtschalter zu finden.

8 Spiele die Szene und zeige deutlich, welche Gefühle du dabei hast.
Eure Nachbarin ruft an. Du bist am Telefon, weil sonst keiner zu Hause ist. Die Nachbarin fängt an zu erzählen und erzählt und erzählt und erzählt. Dich interessiert das gar nicht.

Berührungen, die ich mag ...
Berührungen, die ich nicht mag ...

Lies dir die folgende Liste durch und
entscheide bei jedem Satz, ob du das Beschriebene

 magst   *oder*   nicht magst.

Unterhalte dich mit deiner Banknachbarin oder deinem
Banknachbarn über deine Entscheidungen. Beschreibe
das Gefühl, das du beim Lesen der einzelnen Sätze hast.

Ich mag es, mag es nicht,

- wenn die Katze um meine Beine streicht.
- wenn der Wind meine Haare zerzaust.
- wenn meine Mutter mir den Kopf beim Haarewaschen massiert.
- wenn der Hund meine Hand leckt.
- wenn warmer Wind über die Haut weht.
- wenn Vater mich hoch in die Luft hält.
- wenn Tante Lisa mir einen feuchten Kuss gibt.
- wenn die Bettwäsche kalt ist.
- wenn Mutter mir die Nägel feilt.
- wenn Tante Gerda mich an ihren Pelzmantel drückt.
- wenn ich nach dem Duschen ein Handtuch bekomme, das auf der warmen Heizung gelegen hat.
- wenn ich Durchzug spüre.
- wenn ich im heißen Badewasser versinke.
- wenn Vater mich bei Glatteis an die Hand nimmt.
- wenn nach dem Schwimmen das Wasser auf der Haut verdunstet.
- wenn der Wellensittich an meinem Finger knabbert.
- wenn Mutter meinen Rücken massiert.

Vergleiche mit den Entscheidungen anderer Kinder.

Der Elefant auf dem Spinnennetz

Ein Elefant, ja, der balancierte
auf einem Spinnen-, Spinnennetz.
Da rief er froh: „Hussa, es hält!
Ich hole meine Freundin jetzt."

Zwei Elefanten, die balancierten
auf einem Spinnen-, Spinnennetz.
Da riefen sie: „Hussa, es hält!
Wir holen uns're Freundin jetzt."

Drei Elefanten, die balancierten
auf einem Spinnen-, Spinnennetz.
Da riefen sie: „Hussa, es hält.
Wir holen ..." (wie 2.)

Vier Elefanten, die balancierten
auf einem Spinnen-, Spinnennetz.
Da riefen sie: „Hussa, es hält!
Wir holen ..."

Sieben Elefanten, die balancierten
auf einem Spinnen-, Spinnennetz.
Da riefen sie: „Hussa, es hält!
Wir holen ..."

Acht Elefanten, die balancierten
auf einem Spinnen-, Spinnennetz.
Da riefen sie: „Jetzt ist endlich
Schluss!
Aber was machen wir denn jetzt?"

Dann machten sie Stopp ...
und legten sich hin
und haben zu laufen aufgehört
und machten in dem Spinnennetz
ein Elefantenschnarchkonzert.

Dürfen Cowboys das?

Vater und Mutter wollen übers Wochenende verreisen. Oma und Opa haben zugesagt, bei den Kindern zu bleiben. Anke und Arne freuen sich; denn die Großeltern spielen mit ihnen „Mensch ärger dich nicht" und bringen auch meist ein Geschenk mit. Als es schellt, stürmt Arne an die Tür. Tatsächlich: Oma hat zwei Pakete in der Hand – eins für Arne, eins für Anke. Sie machen die Pakete auf und sind begeistert: Arne drückt einen großen Stoffaffen an sich, Anke strahlt wegen eines ferngesteuerten Autos. Beide bedanken sich bei Oma und Opa, und dann das: „Ihr habt ja die Geschenke vertauscht", sagt Opa. Er nimmt Anke das Auto ab und gibt es Arne, Arne nimmt er den Affen ab und gibt ihn Anke. Opa zeigt auf ein großes Poster an der Wand im Kinderzimmer, auf dem ein Cowboy abgebildet ist, und sagt vorwurfsvoll zu Arne: „Cowboys spielen nicht mit Puppen!"

Wortlos legen Arne und Anke die neuen Spielsachen auf ihre Betten und gehen mit zum Kaffeetrinken ins Wohnzimmer.

Der Abend mit Oma und Opa wird diesmal nicht so lustig. Opa repariert die Lampe und Oma kocht für den nächsten Tag vor. Arne soll Opa helfen, Anke der Oma, obgleich sich Anke mehr für die Lampe interessiert hätte. Als Arne sich den Finger in der Schublade einklemmt und ein bisschen jammert, sagt Opa: „Nun stell dich nicht so an. Cowboys weinen nicht." Kurz darauf nimmt Oma Anke in den Arm und tröstet sie, weil sie am nächsten Tag zum Zahnarzt muss. Arne wird allmählich wütend.

Als Arne und Anke in ihr Zimmer gehen, fragt Arne den Cowboy an der Wand: „Hat dir eigentlich nie der Hintern wehgetan auf deinem Pferd? Und hast du dann wirklich nie gejammert?" „Ach lass", sagt Anke, „morgen werfen wir das Bild weg." Als es dunkel im Zimmer ist, hört Arne auf einmal eine leise männliche Stimme: „Na klar, hat mir der Hintern wehgetan und gejammert habe ich auch – bis man es mir abgewöhnt hat. Du musst dich wehren, Junge!"

„Hast du das gehört, Anke?", fragt Arne seine Schwester. „Nein, was denn?", fragt sie zurück. Arne erzählt. Anke lacht: „Das Bild lassen wir hängen und jetzt kriege ich von dir das Auto." Arne wirft es behutsam auf Ankes Bett. Im Gegenzug fliegt der Affe zu Arne rüber, der ihn glücklich in die Arme schließt und einschläft.

(nach ETSCHENBERG 1986, S. 21)

Literaturhinweise

Literatur, auf die im Text Bezug genommen wird

AJS (Aktion Jugendschutz) Baden-Württemberg (Hrsg.): Jenny sagt „Nein". Vertrieb durch Herausgeber, Stafflenbergstr. 44, 70184 Stuttgart

AJS (Arbeitsgemeinschaft Kinder- und Jugendschutz) NRW (Hrsg.): Gegen sexuellen Missbrauch an Mädchen und Jungen – Ein Ratgeber für Mütter und Väter. Köln 1998[6]. Vertrieb durch Herausgeber, Poststr. 15–23, 50676 Köln

BAER, U.: Lernziel: Liebesfähigkeit. Remscheider Arbeitshilfen 1993

BIERMANN, CH./ETSCHENBERG, K./KOCH, F. u. a. (Hrsg.): Liebe und Sexualität – Schüler '96. Friedrich. Seelze 1996

BRAUN, G.: Ich sag nein. Die Schulpraxis. Mülheim 1988

COMFORT, A.: Der aufgeklärte Eros. Plädoyer für eine menschenfreundliche Sexualmoral. Rowohlt. Reinbek 1968

DEEGENER, G.: Kindesmissbrauch – erkennen, helfen, vorbeugen. Beltz. Weinheim 1998

DIETZ, L.: Sexualerziehung, aber wie? Prögel. Ansbach 1985

DREWS, U.: Taschenatlas der Embryologie. Thieme. Stuttgart 1993

ENDERS, U. (Hrsg.): Zart war ich, bitter war's. Kiepenheuer & Witsch. Köln 1995[2]

ESCHENHAGEN, D./KATTMANN, U./RODI, D. (Hrsg.): Handbuch des Biologieunterrichts, Bd. 5 „Sexualität, Fortpflanzung und Entwicklung". Aulis. Köln 1993

ETSCHENBERG, K.: Auch Cowboys dürfen weinen – Begleitmaterial zu einem Film für die Sexualerziehung 1./2. Klasse. In: Praxis Schulfernsehen, Heft 120, 1986, S. 21 ff.

ETSCHENBERG, K.: Mutterschaft – Vaterschaft. In: Unterricht Biologie, Heft 191, Seelze 1994a

ETSCHENBERG. K.: Mann oder Frau? In: Unterricht Biologie, Heft 191, Seelze 1994b

ETSCHENBERG, K.: Anders l(i)eben als die meisten. In: Unterricht Biologie, Heft 204, Seelze 1995a

ETSCHENBERG, K.: „Sexualfreundliche" Aufklärungsbücher für Kinder. In: AJS NRW (Hrsg.): Sexueller Missbrauch an Mädchen und Jungen – Sichtweisen und Standpunkte zur Prävention. AJS, Köln 1995b. Vertrieb durch den Herausgeber, siehe oben

ETSCHENBERG, K.: Du und ich – wir beide. Geschlechtserziehung in der Grundschule. Schülermaterial für die Klasse 1/2 und 3/4. Cornelsen. Berlin 1996a und b

ETSCHENBERG, K.: Du und ich – wir beide. Lehrerbegleitmaterial mit Kopiervorlagen zum gleichnamigen Arbeitsmaterial. Cornelsen. Berlin 1996c und d

ETSCHENBERG. K.: Ein Baby wird erwartet. Cornelsen. Berlin 1997

ETSCHENBERG, K.: 1 + 1 = 3. In: Unterricht Biologie, Heft 237, Seelze 1998a

ETSCHENBERG, K: Aufklärung über den „kleinen Unterschied". In: Pädagogik, Heft 4, 1998b

ETSCHENBERG, K.: Gesundheit! Ein Arbeits- und Leseheft zur Gesundheitserziehung für das 3. und 4. Schuljahr. Hagemann. Düsseldorf 1999

ETSCHENBERG, K./JOSEPH, H.: Mehr als nur ein Häutchen. In: Unterricht Biologie, Heft 237, Seelze 1998

FAULSTICH-WIELAND, H.: Koedukation – enttäuschte Hoffnungen? Wissenschaftliche Buchgesellschaft. Darmstadt 1991

FURIAN, M.: Liebeserziehung. Quelle & Meyer. Wiesbaden 1995

HAEBERLE, E. J.: Die Sexualität des Menschen. De Gruyter. Berlin 1985[2]

HÄRTLING, P.: Ben liebt Anna. Beltz & Gelberg

HALBFAS, H. (Hrsg.): Religionsbuch 3. Klasse. Patmos. Düsseldorf 1985

HEIDARPUR, A.: Sexualerziehung in türkischen Familien. In: MILHOFFER, P. (Hrsg.), 1995

HERRATH, F./SIELERT, U.: Lisa und Jan. Beltz 1991

HOFFMANN, K.-W.: Lass uns kuscheln. Igel-Buch. Aktive Musik Verlagsgesellschaft. Dortmund 1996[2]

JANOSCHEK, I.: Sexualerziehung in multikulturellen Klassen – von den Grenzen der Toleranz. In: MILHOFFER, P. (Hrsg.) 1995

KLEINSCHMIDT, L./MARTIN, B./SEIBEL, A.: Lieben, kuscheln, schmusen: Hilfen für den Umgang mit kindlicher Sexualität. Ökotopia. Münster 1994

KNUßMANN, R.: Vergleichende Biologie des Menschen. Gustav Fischer. Stuttgart 1996[2]

KULOT-FRISCH, D.: Nasebohren ist schön. Thienemann. Stuttgart 1996

MAI, M.: Vom Schmusen und Liebhaben – Warum-Geschichten. Loewe. Bindlach

MAIER, B.: Meine Erfahrungen als Klassenlehrerin in deutsch-türkischen Grundschulklassen. In: MILHOFFER, P. (Hrsg.), 1995

MARBURGER, H.: Ayse fehlt immer in Sexualkunde. In: BIERMANN, CH./ ETSCHENBERG, K./KOCH, F. u. a. (Hrsg.), 1996

MAYLE, P.: Wo komm ich eigentlich her? Zeichentrickfilm auf Video für Kinder nach dem gleichnamigen Buch von Thaddäus Troll. Pro Familia. Frankfurt am Main o. J.

MILHOFFER, P. (Hrsg.): Sexualerziehung von Anfang an! Arbeitskreis Grundschule – Der Grundschulverband e.V., Frankfurt am Main 1995

MILHOFFER, P.: Legespiel „Jungen und Mädchen sind verschieden". In: Grundschulzeitung 65/1993, S. 58

MÖNKEMEYER, K.: Kindliche Sexualität heute. Beltz. Weinheim 1997[3]

MÜLLER, J./GEISLER, D.: Ganz schön aufgeklärt. Loewe. Bindlach 1993

NEUBAUER, G.: Kuscheln, Streicheln, Doktorspiele. In: BIERMANN, CH./ETSCHENBERG, K./KOCH, F. u. a. (Hrsg.), 1996

SCHWÄBISCH, L./SIEMS, M.: Anleitung zum sozialen Lernen. Hamburg 1978

SCHÖNE, G.: Das Auto von Lucio. Kinderlieder aus aller Welt. Kinder-MC, Patmos. Düsseldorf 1991

SEELMANN, K.: Woher kommen die kleinen Buben und Mädchen? Ernst Reinhardt. München 1968[14]

TEUTLOFF, G.: Das Thema „Sexualität" im interkulturellen Unterricht. In: Unterricht Biologie, Heft 237, Seelze 1998

WEHR, D.: „Eigentlich ist es etwas Zärtliches" – Erfahrungsbericht über die Auseinandersetzung mit Sexualität in einer dritten Grundschulklasse. Beltz. Weinheim 1992

Die Richtlinien zur Sexualerziehung verschiedener Bundesländer wurden berücksichtigt.

Eine kommentierte Literatur- und Medienauswahl bietet die Übersicht „Sexualpädagogische Materialien", die bei der Bundeszentrale für gesundheitliche Aufklärung (Ostmerheimer Str. 220, 51109 Köln) bezogen werden kann. Stand der letzten Auflage: September 1997

Unterrichtsergänzende Aufklärungsbücher (eine Auswahl)

BRAUN, G./WOLTERS, D.: Das große und das kleine Nein. Verlag an der Ruhr. Mühlheim

ETSCHENBERG, K.: Ein Baby wird erwartet. Cornelsen. Berlin

FAGERSTRÖM, G./HANSSON, G.: Peter, Ida und Minimum. Otto Maier. Ravensburg

PRO FAMILIA (Hrsg.): Mein Körper gehört mir! Illustrationen von Dagmar Geisler. Loewe. Bindlach

SCHNEIDER, S./RIEGER, B.: Woher die kleinen Kinder kommen. Otto Maier. Ravensburg

Schlagwortregister

Fitmacher für Ihren Unterricht

Lehrer-Bücherei: Grundschule

Friederike Klippel
Englisch in der Grundschule
- Handbuch für einen kindgemäßen
  Fremdsprachenunterricht
- Übungen, Spiele, Lieder
  für die Klassen 1 bis 4
ca. 272 S. mit CD, Paperback
ISBN 3-589-05057-8

Dieses Handbuch für die Weiterbildung und den täglichen Gebrauch zeigt, wie der Englischunterricht bereits in der Grundschule kindgerecht und motivierend gestaltet werden kann.
Das abwechslungsreiche Übungsangebot umfasst Kopiervorlagen ebenso wie die Fertigkeitsschulung sowie Geschichten, Reime, Lieder und Spiele.
Die CD enthält von Muttersprachlern vorgetragene Lieder und Texte.

Gudrun Schulz
**Geschichten lesen, erzählen,
schreiben, gestalten**
Kinderliteratur als Anreger
für einen produktiven Unterricht
ca. 112 S., Paperback
ISBN 3-589-05055-1

Die Autorin zeigt, wie Lesebuchgeschichten, Kinderbücher, Märchen, Schwänke und Comics für einen produktiven, handelnden Umgang mit Geschichten genutzt werden können.

Karla Etschenberg
Sexualerziehung in der Grundschule
- Didaktisch-pädagogische Überlegungen
- Beispiele für die Klassen 1 - 4
112 S., Paperback
ISBN 3-589-05052-7

Dieser Band macht Mut für einen offenen Umgang mit dem für viele heiklen Thema und gibt vielfältige, sachlich und pädagogisch begründete Anregungen für die praktische Arbeit.

Eva Mertens / Ulrike Potthoff
**Lern- und Sprachspiele
im Deutschunterricht**
- Zusammenwirken von Lernen und Spielen
- Spiele zu allen Sprachbereichen
- Kopiervorlagen
ca. 112 S., Paperback
ISBN 3-589-05059-4

Lern- und Sprachspiele für das 1. bis 4. Schuljahr mit vielfältigen Anregungen, sich auf spielerische Art und Weise mit unserer Sprache auseinander zu setzen. Sie ermöglichen entdeckendes Lernen von Regeln und Strukturen und lassen sich ohne großen Aufwand im täglichen Unterricht einsetzen.

Karin Funcke / Cornelia Löss
Weihnachten in anderen Ländern
- Begegnung mit anderen Sprachen und
  Kulturen
- Unterrichtseinheiten und Projekte
120 S. mit Abb., Paperback
ISBN 3-589-05054-3

Fragen Sie bitte
in Ihrer Buchhandlung!